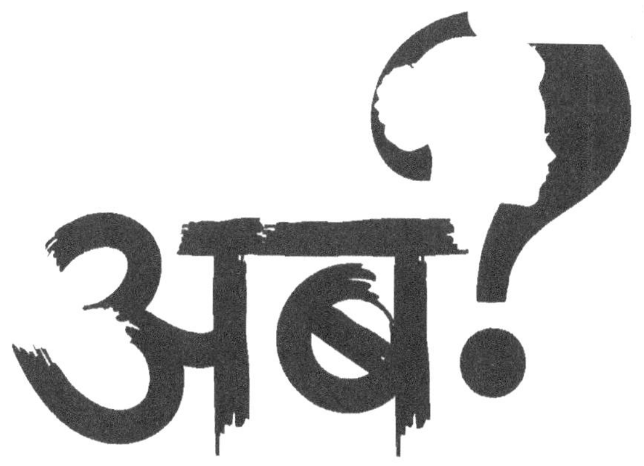

अब?

सफर खुद को खुद से मिलाने का ...
बढ़ती उम्र के साथ अपने सपनों को जीने के अनमोल तरीके

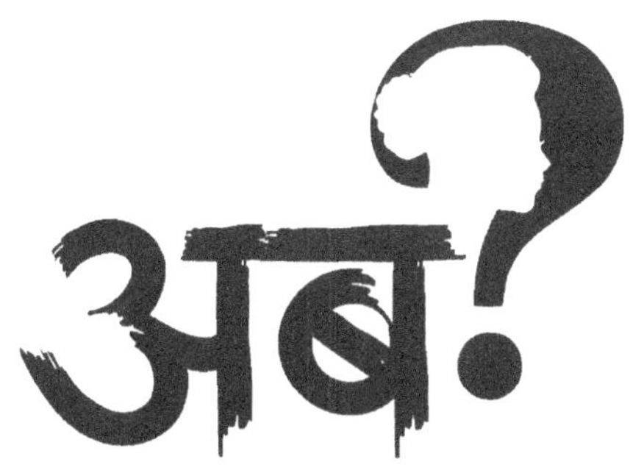

अब?

सफर खुद को खुद से मिलाने का ...
बढ़ती उम्र के साथ अपने सपनों को जीने के अनमोल तरीके

राधा सारडा भट्टड़

Worldwide Published by

Pendown Press

PENDOWN PRESS LLP

An ISO 9001 & ISO 14001 Certified Co.,

Regd. Office: 3767A, Kanhaiya Nagar,

Tri Nagar, Delhi-110035

Ph.: 8130886000, 9650072927

E-mail: info@pendownpress.com

Branch Office: 1A/2A, 20, Hari Sadan, Ansari Road,

Daryaganj, New Delhi-110002

Ph.: 011-45794768

Website: PendownPress.com

Edition: 2024

Price: ₹ 499/-

ISBN: 978-93-6338-659-4

Layout and Cover Designed by Pendown Graphics Team
Printed and Bound in India by Thomson Press India Ltd.

यह पुस्तक उन सभी महिलाओं को समर्पित है जो अपने जीवन में हर दिन नए बदलाव और चुनौतियों का सामना करते हुए खुद को मजबूत बना रही हैं। आप अपनी मेहनत, धैर्य और आत्मविश्वास से न सिर्फ अपने लिए, बल्कि अपने परिवार और समाज के लिए भी प्रेरणा का स्रोत हैं। आपकी हिम्मत और संघर्ष को मेरा नमन।

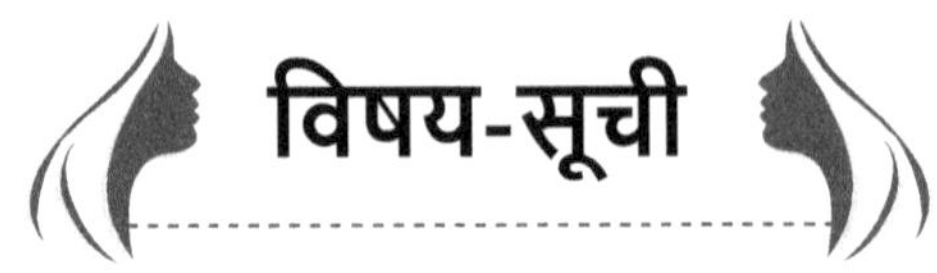 विषय-सूची

आभार

यह पुस्तक, "अब?", केवल मेरे विचारों का प्रतिबिंब नहीं है, बल्कि उन अद्भुत लोगों के प्रेम, सहयोग और प्रोत्साहन का परिणाम है जो हमेशा मेरे साथ खड़े रहे हैं। उन सभी को मेरा आभार जिन्होंने इस यात्रा में मेरी ताकत बढ़ाई।

मेरे माता-पिता और सास-ससुर के लिए

आप सभी ने हमेशा मुझे स्नेह, प्रेरणा और अटूट विश्वास से संबल दिया। आपने मेरे जीवन में मार्गदर्शक बनकर मेरी हर यात्रा को सुगम बनाया। आपके आशीर्वाद ने मेरी इस उपलब्धि को संभव बनाया।

मेरे हमसफ़र राकेश के लिए

आप मेरी सबसे बड़ी ताकत हो। इस किताब के लेखन के दौरान, चाहे कितनी भी जरूरी बात हो, आपने हमेशा संयम और समझदारी से उसे संभाला, ताकि मैं अपने काम पर ध्यान केंद्रित कर सकूँ। मुझे याद है जब किसी ज़रूरी चीज़ के लिए आपने मुझे फोन किया और आपको पता चला कि मैं इस किताब पर काम कर रही हूँ, तो आपने बिना कोई बाधा डाले, समझदारी से, खुद ही उसे मैनेज किया। आपका यह समर्थन और समर्पण मेरे लिए अनमोल है।

मेरी तीनों बेटियों और दोनों दामादों के लिए

आप सब मेरे दिल की धड़कन, मेरे जीवन का प्रकाश और मेरी निरंतर प्रेरणा हो। साक्षी और ग्रिफ़िन, आपने इस पुस्तक के हर पहलू में मेरी मदद की। आपकी गहन समझ, विचारशील सुझाव और अटूट समर्थन के बिना इस पुस्तक को पूरा करना बेहद कठिन होता। साक्षी, आपकी रचनात्मक सोच और प्रेरणा ने मुझे बेहतर लिखने के लिए प्रेरित किया, और ग्रिफ़िन, आपका धैर्य और हर छोटे-बड़े निर्णय में दिया गया सहयोग मेरे लिए अमूल्य है। प्राची, रितेश और मानसी आप सब ने सकारात्मक आलोचक के रूप में ईमानदारी और स्पष्टता से पुस्तक को और बेहतर बनाने के लिए प्रेरित किया। आपके समर्थन और तर्कपूर्ण दृष्टिकोण इस पुस्तक के लिए अनमोल साबित हुए। आपके विचारों ने मुझे हमेशा एक नई दिशा दी और इसे बेहतर से बेहतरीन बनाने में मदद की।

मेरी भाभी, बहन और ननद के लिए

आप मेरे जीवन का आधार हो, मेरी साथी और मेरे हर संघर्ष की शक्ति। आप सभी ने अपने प्रेम, प्रोत्साहन और विश्वास से मुझे आगे बढ़ने की हिम्मत दी। चाहे वह आपकी सलाह हो, आपकी हंसी हो, या आपका मौन समर्थन, आपने हर क्षण मेरे जीवन को और बेहतर बनाया है।

पेनडाउन प्रेस के सीईओ के लिए

श्री दिनेश वर्मा और उनकी टीम का आभार, जिन्होंने इस पूरी क्रिएटिव प्रक्रिया में मेरा साथ दिया और अच्छे-अच्छे सुझाव दिए।

सभी दोस्तों के लिए

यह पुस्तक उन सभी दोस्तों के लिए है, जिन्होंने इसके शीर्षक को सुनते ही उत्साह से कहा,

"अरे वाह! मैं इसे अपनी माँ को, अपनी दीदी को, अपनी सहेली को गिफ्ट करूंगा/करूंगी।"

आप सबका यह स्नेह और प्रोत्साहन मेरी प्रेरणा है।

यह पुस्तक प्रेम का एक उपहार है और उन सभी को समर्पित है, जिन्होंने अपनी उपस्थिति से मेरे जीवन को समृद्ध, पूर्ण और उज्ज्वल बनाया। आप सभी का मुझ पर विश्वास मेरी सबसे बड़ी संपत्ति है। इस पुस्तक, "अब?", को जीवन में लाने में मदद करने के लिए और मेरी उड़ान में पंख बनने के लिए दिल से धन्यवाद।

○○○○

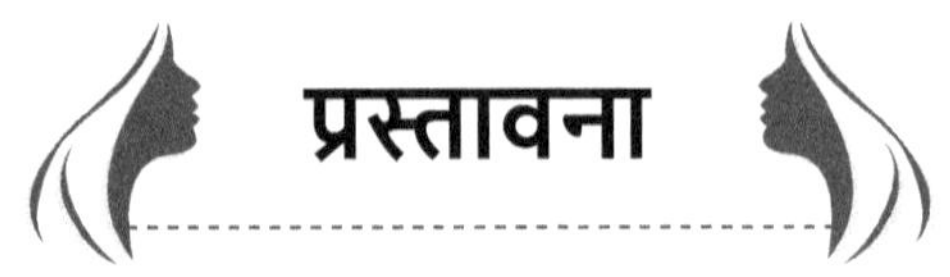

प्रस्तावना

कुछ अपनों से

इस किताब की लेखिका मेरे मझले बेटे की बहू हैं। इसका मतलब यह नहीं कि मैं अपना राग अलाप रहा हूँ। सच्चाई यही है कि सौ. राधा सारडा भट्टड़ इस पुस्तक की लेखिका होने के साथ-साथ अनेक गुणों की खान हैं और भट्टड़ परिवार की शान भी। इनमें बहुआयामी गुण हैं—वह एक कुशल समाज सेविका, प्रभावशाली वक्ता, एंकरिंग में माहिर, मंच संचालन में निपुण हैं, और अब लेखिका के रूप में भी अपना स्थान बना चुकी हैं।

सामाजिक उत्थान और सुधार कार्यों में संलग्न रहते हुए, वह पारिवारिक व्यापार में भी अपने पति की सक्रिय सहभागी हैं।

अब आपसे

यह सच है कि कुछ मंत्र पढ़ने से कोई भक्त भगवान नहीं बनता, पर एक पुस्तक लिखने से लेखक या लेखिका जरूर कहलाता है।

बहुत से लोग अच्छा लिखने की कला जानते हैं, लेकिन उनमें प्रभावशाली भाषण देने की क्षमता नहीं होती। किंतु इस पुस्तक की लेखिका में ये दोनों गुण बखूबी मौजूद हैं। कहते हैं, आसमान में उड़ने के लिए पंख नहीं, हौसले की जरूरत होती है। और यह हौसला इस लेखिका में स्पष्ट दिखाई देता है।

"अब?"

अंत में यही कहूंगा -

"आज जाने किस बात पर ये डालियाँ इतरा रही हैं,

कहीं यह इशारा तो नहीं इस बात का,

कि कुछ अलग बात लिए यह नई प्रस्तुति आ रही है।"

मेरा आप सभी से अनुरोध है कि इस पुस्तिका को जरूर पढ़ें और अपने जीवन के सपनों को साकार करें।

गिरधर दास भट्टड़ (गिरीश)

○○○○

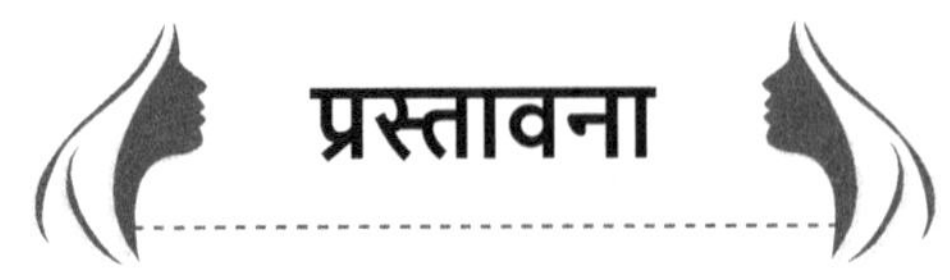

प्रस्तावना

प्रिय मित्र,

आपकी किताब "अब" के लिए दिल से बधाई! यह न केवल आपके लेखन कौशल का प्रमाण है, बल्कि आपके विचारों की गहराई और जीवन के प्रति आपके दृष्टिकोण को भी दर्शाता है। आपकी इस कृति में आपकी विद्वता, अनुभव, और संवेदनशीलता की झलक मिलती है।

आप जैसी साहसी और गतिशील महिला के लिए यह पुस्तक एक सच्ची गवाही है कि आप अपने शब्दों से न केवल जीवन की गहराइयों को छूती हैं, बल्कि पाठकों के दिलों में अपनी अमिट छाप भी छोड़ती हैं। आपकी लेखनी में समाज को नई दिशा देने की अद्भुत क्षमता है।

"ज़िंदगी के हर मोड़ पर नई राह बनाती हो,

अपने हौसले से हर मुश्किल को हराती हो।

जब चलती है आपकी कलम, तो दिलों को छू जाती है,

आपके शब्दों से ही तो दुनिया को नई रोशनी मिल जाती है।"

आपकी यह किताब पाठकों के दिलों में विशेष जगह बनाए और आपको अनंत सफलता दिलाए, यही मेरी शुभकामनाएं हैं।

स्नेह और आदर सहित,

डॉ. तरंग कृष्णा

कैंसर रोग विशेषज्ञ (Oncologist)

प्रस्तावना

आज की तेज़ रफ्तार ज़िंदगी में आत्म-संदेह, असफलता का डर, और खुद को फिर से पहचानने की जद्दोजहद हमें अक्सर हमारे सपनों को हासिल करने से रोकती है। राधा सारडा भट्टड़ की किताब *"अब?"* इन चुनौतियों का साहसपूर्वक सामना करती है और किसी भी उम्र में आत्मविश्वास, स्पष्टता, और उद्देश्य को पाने के लिए प्रेरणादायक मार्गदर्शन प्रदान करती है।

इस पुस्तक में, राधा जी पाठकों को आत्म-खोज की एक गहन यात्रा पर ले जाती हैं। वह व्यावहारिक सुझाव और अमूल्य विचार साझा करती हैं, जो पाठकों को अपने सपनों को फिर से जगाने, आत्म-विश्लेषण करने और व्यक्तिगत विकास को नए जोश के साथ अपनाने के लिए प्रोत्साहित करते हैं। उनकी लेखनी संवादात्मक, सहानुभूतिपूर्ण, और गहराई से जुड़ाव वाली है, जो इसे हर आयु वर्ग और जीवन के हर पड़ाव के लिए प्रासंगिक बनाती है।

राधा सारडा भट्टड़, जो इस पुस्तक की लेखिका हैं, स्वयं प्रेरणा की एक मिसाल हैं। चुनौतियों का सामना करते हुए आत्म-परिवर्तन और सफलता का उनका सफर उन्हें दूसरों का मार्गदर्शन करने के लिए अद्वितीय रूप से सक्षम बनाता है। आत्म-विकास और सशक्तिकरण की प्रबल समर्थक राधा ने *"अब?"* के पन्नों में अपने अनुभव और ज्ञान को इस तरह पिरोया है कि यह पुस्तक पाठकों के लिए एक परिवर्तनकारी अनुभव बन जाती है।

यह पुस्तक केवल एक मार्गदर्शक नहीं है, बल्कि उन लोगों के लिए आशा की एक किरण है, जो नए दृष्टिकोण और अपने जीवन को फिर से संवारने के लिए मार्गदर्शन की तलाश में हैं। यह पाठकों को सबसे महत्वपूर्ण प्रश्न पूछने के लिए प्रेरित करती है:

"अगर अभी नहीं, तो कब?"

और उन्हें अपने जीवन को पूर्णता के साथ जीने के लिए साहसिक कदम उठाने का हौसला देती है।

"अब?" उन सभी के लिए अनिवार्य पढ़ने की पुस्तक है, जो बदलाव को अपनाने, डर को हराने, और आत्मविश्वास तथा उत्साह के साथ अपने जीवन का एक नया अध्याय लिखने के लिए तैयार हैं।

CA जगमोहन सिंह

India's No. 1 Cash Flow Expert

○○○○

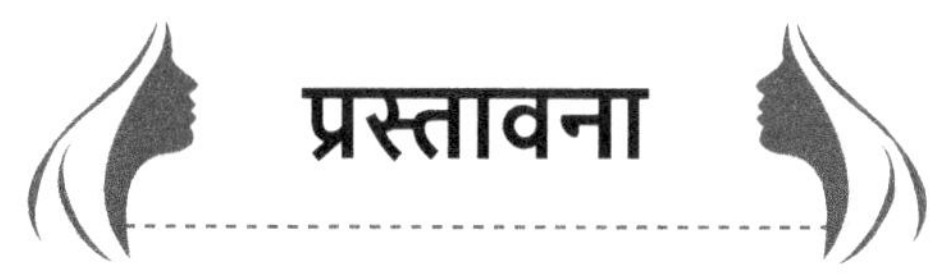

प्रस्तावना

नमस्कार,

यह मेरे लिए अत्यंत हर्ष का विषय है कि मैं इस पुस्तक और इसकी लेखिका, श्रीमती राधा भट्टड़ के बारे में अपने विचार व्यक्त कर रही हूँ। श्रीमती राधा भट्टड़ को मैं पिछले 15 वर्षों से जानती हूँ। हमारे डॉक्टर-रोगी के रिश्ते ने समय के साथ विश्वास और आत्मीयता की मजबूत नींव बनाई है। इन वर्षों में मैंने उन्हें एक अत्यंत शिक्षित, बुद्धिमान, सुसंस्कृत, आत्मविश्वासी और विनम्र महिला के रूप में पाया है। वे घर और बाहरी दुनिया दोनों को समान रूप से बेहतरीन तरीके से संभालती हैं।

श्रीमती राधा भट्टड़ तीन बेटियों की आदर्श माँ हैं, जिन्होंने अपनी बेटियों का पालन-पोषण बहुत ही प्रभावशाली और संस्कारित तरीके से किया है। यह उनकी पहली पुस्तक है, जिसमें उन्होंने लेखन के क्षेत्र में कदम रखते हुए एक अत्यंत महत्त्वपूर्ण और सामयिक विषय चुना है। यह विषय हर उस महिला से संबंधित है जो मध्य आयु की दहलीज पर पहुंच रही है।

पुस्तक की खासियत

यह पुस्तक केवल महिलाओं के लिए ही नहीं, बल्कि पुरुषों के लिए भी समान रूप से प्रासंगिक है। इसमें व्यावहारिक समस्याओं और उनके समाधान पर बहुत ही सरल और प्रभावी तरीके से चर्चा की गई है। यह न केवल ज्ञानवर्धक है, बल्कि प्रेरणा स्रोत भी है। यह पुस्तक जीवन के

उस महत्त्वपूर्ण मोड़ पर हर व्यक्ति को एक नई दिशा और समझ प्रदान करती है, जहां लोग अक्सर उलझनों और दुविधाओं का सामना करते हैं।

लेखिका की दृष्टि और उनकी शैली

राधा जी की लेखन शैली सरल, सजीव और पाठकों से गहराई से जुड़ने वाली है। यह पुस्तक दर्शाती है कि उन्होंने न केवल महिलाओं की समस्याओं को समझा है, बल्कि उनके समाधान के लिए ठोस दृष्टिकोण भी प्रस्तुत किया है। उनकी पुस्तक केवल पढ़ने के लिए नहीं है, बल्कि यह जीवन जीने का एक नया दृष्टिकोण सिखाती है।

मैंने इस पुस्तक को बहुत रुचि और आनंद के साथ पढ़ा है और मुझे पूरा विश्वास है कि अन्य पाठक भी इसे पढ़कर उतना ही पसंद करेंगे। यह पुस्तक अपने पाठकों को निश्चित रूप से प्रेरित करेगी और उनकी सोच में सकारात्मक परिवर्तन लाएगी।

शुभकामनाएँ

मैं श्रीमती राधा भट्टड़ को उनकी इस रचना के लिए हार्दिक बधाई देती हूँ और उनके उज्ज्वल भविष्य की कामना करती हूँ। मेरी आशा है कि वे आगे भी ऐसे ही उत्कृष्ट लेखन के माध्यम से समाज को लाभान्वित करती रहेंगी।

सादर,

डॉ. दीपानिता सेन

(स्त्री रोग विशेषज्ञ)

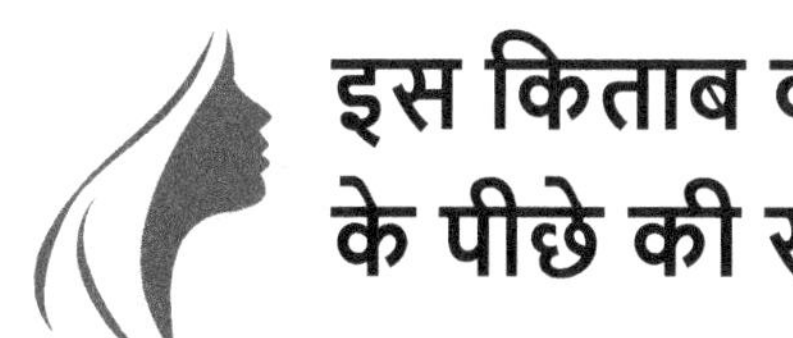

इस किताब को लिखने के पीछे की सोच

मैंने अपने आसपास हमेशा अपनी समवयस्क महिलाओं को यह कहते सुना कि, 'यार, ज़िंदगी ऐसे ही निकल गई। अब तो उम्र भी नहीं रही, इस उम्र में अब क्या शौक, कुछ बचा ही नहीं!! ये कुछ ऐसी बातें थी जो मेरे दिल में हमेशा हलचल मचाती थीं। मुझे लगता था कि वे ऐसा क्यों सोचती हैं? प्यार की कोई उम्र नहीं होती, यह तो हम सबने सुना ही है। फिर मैंने सोचा, मैं ऐसा क्या करूं कि मेरी हमउम्र सभी सहेलियां/ महिलाएं यह समझ पाएं कि सपनों की उड़ान की भी कोई उम्र नहीं होती। सपने वह होने चाहिए जो आपके अंदर एक नया जोश भर दें और आपके आत्मविश्वास के साथ मिलकर किसी भी उम्र में परवान चढ़ जाएं। आप अपने सपनों को इतना बड़ा बनाएं कि दुनिया उस पर हंसे, और जब आप उन सपनों को पूरा करें, तब इस दुनिया को बिना कुछ कहे सिर्फ मुस्कुराकर देखें।

इसी आत्मविश्वास को जगाने के लिए मैंने इस किताब को लिखने का सपना देखा, ताकि मैं अपने सपने के साथ-साथ उन लाखों महिलाओं को, उनके अपने सपनों तक पहुंचाने के लिए पंख बन जाऊं और वे अपने सपनों की उड़ान पूरे आत्मविश्वास से भर सकें।

○○○○

# यह किताब किसे पढ़नी चाहिए?

अगर आपमें सपने देखने की हिम्मत है और उन्हें पूरा करने की दृढ़ इच्छाशक्ति तो यह किताब आपके लिए है। अगर आपको दुनिया के हंसने से कोई फ़र्क़ नहीं पड़ता और आप उन सपनों को साकार करने का संकल्प ले सकते हैं, जो आपकी जिम्मेदारियों के नीचे कहीं किसी कोने में दबे पड़े हैं, तो यह किताब आपको जरूर पढ़नी चाहिए। अगर यह किताब आपके सपनों को पूरा करने में थोड़ी भी मदद करती है, तो आप भी मदद करेंगे, मेरा सपना साकार करने में — वो सपना जो मैंने आपके लिए ही देखा है।

○○○○

 # इस किताब में क्या है?

40 के आस-पास की उम्र तक नारी का जीवन पूरी तरह से जिम्मेदारियों से परिपूर्ण और संघर्षमय ही रहा है, या रहता है। मैं ऐसा नहीं कह रही कि पुरुष के दायित्व कम हैं, लेकिन नारी अपने जीवन में जो बदलाव स्वयं महसूस करती है, उसे किसी और को समझना थोड़ा कठिन ही होता है।

इस उम्र तक महिलाएं सबसे ज्यादा अपने आप को ही अनदेखा करती हैं। उनकी सबसे जरूरी चीजें, जैसे इच्छाएं, चाहतें, और अपने मन की बात सुनना, अक्सर पीछे छूट जाती हैं। यह सब कुछ साथ लेकर चलना इतना आसान नहीं होता, खासकर तब जब आप एक नहीं, दो घरों के दायित्व निभा रही हों। नारी जीवन का सबसे बड़ा बदलाव तब आता है जब वह अपना सरनेम पीछे छोड़कर एक नई दुनिया बसाने आती है। सब कुछ नया होता है — नए लोग, जिन्हें नए सिरे से समझना पड़ता है, नया माहौल, जिसमें खुद को ढालना होता है। घर-गृहस्थी और बच्चों में उलझकर वह खुद को ही भूल जाती है। यूं तो मातृत्व का एहसास दुनिया की हर खुशी और हर सुख से परे है, लेकिन इसके साथ नारी के जीवन में बहुत से बदलाव तथा जिम्मेदारियां भी आती हैं, जिनका एहसास उसे तब होता है जब उसे लगता है कि वह अपनी चाहतों की उम्र को पार कर चुकी है।

पर मैं ऐसा नहीं मानती।

मेरे हिसाब से, अब यहां से आपकी अपनी उम्र शुरू होती है। जब आपको सिर्फ एक ही चीज जिंदा रखती है जिससे सब कुछ अपने आप संभल जाता है, वह है आत्मविश्वास। आत्मविश्वास ही सभी बिखरी हुई चाहतों को फिर से समेट कर आपको तरोताजा करने के लिए काफी है। हमारी सबसे बड़ी समस्या होती है कि अब तो उम्र निकल गई, अब क्या करूंगी? लोग क्या कहेंगे? अगर नहीं कर पाई तो लोग हसेंगे! और इन सबसे बड़ी बात, कि करना क्या है, *अब?*

यह किताब इन्हीं समस्याओं और उनके समाधानों पर आधारित है, जो आपको 'क्या करूं?' और 'कैसे करूं?' सोचने में मदद करेगी, तथा आपके सोए हुए सपनों के एहसास को फिर से जीवित कर देगी।

○○○○

अध्याय 1

अपने आप को व्यवस्थित करें

हम सब ज्यादातर एक धारा प्रवाह में जीते हैं हर रोज़ सुबह से शाम तक हम कई कामों में व्यस्त रहते हैं, और जब रात को सोने जाते हैं, तो ऐसा लगता है कि आज का दिन भी यूं ही निकल गया। एक असंतोष या तनाव सा महसूस होता है, और इसी सोच के साथ हम सो जाते हैं, क्योंकि हमें लगता है कि पूरे दिन के कार्य का कोई परिणाम नहीं आया। ऐसा क्यों होता है? क्या आपको पता है कि जब हम सोते हैं, तब भी हमारा अवचेतन मन अपना काम करता है? हम जैसा सोचते हैं, ठीक वैसे ही बनते हैं! हमारी सोच हमारी हर एक गतिविधि में झलकती है।

रोज़ की भागदौड़ भरी जिंदगी में, चाहे मन हो या ना हो, हम सभी अपने दैनिक कार्य पूरे करते हैं। और इन कार्यों के बीच, हम अपने जरूरी कामों को छोड़कर बाकी सब कामों में पूरी तल्लीनता से लग जाते हैं। कोई आने वाला है, कहीं जाना है, किसी और को जल्दी जाना है, किसी का लंच बॉक्स पैक करके देना है, कोई ट्रेन से हमारे शहर से गुजर रहा है, उससे मिलने जाना है, उसके लिए खाना लेकर जाना है, और भी न जाने क्या क्या... ऐसे रोजमर्रा के कामों में, हम अपना कोई भी काम सबसे पहले छोड़ देते हैं क्योंकि ये सारे काम हमें बहुत जरूरी लगते हैं। क्या आपके साथ भी ऐसा होता है? हां, हम सभी के साथ यह होता

है। क्या आपने कभी सोचा है कि इस भागदौड़ से दो घड़ी फुर्सत निकालकर कम से कम थोड़ा बहुत ध्यान हम अपनी सेहत के लिए देते, तो आज हम स्वस्थ जीवन जी रहे होते, आज यह जो असंतोष की भावना हमारे मन में रोज आती है, उससे हम मुक्त होते?

क्या आपने सारी जिम्मेदारियां संभालते-संभालते अपने सभी सपनों को अपनी सारी इच्छाओं को अपने ही अंदर कहीं दबा लिया है? क्या कभी किसी को कोई उपलब्धि प्राप्त करते देख, आपको भी खुशी के साथ-साथ एक टीस महसूस हुई है, कि काश आपने भी अपने सपनों को थोड़ा समय दिया होता!! जैसे प्यार की कोई उम्र नहीं होती, ठीक उसी तरह सीखने की और सपनों की उड़ान की भी कोई उम्र तय नहीं होती। इसके लिए सिर्फ हमें अपने ऊपर यकीन और मजबूत इच्छाशक्ति चाहिए। इसके लिए सबसे जरूरी है कि हम खुद को व्यवस्थित करें। व्यवस्थित करने से मेरा मतलब है कि हम अपने समय की कद्र करें और हर एक काम का समय सुनिश्चित करें। जब हम खुद को व्यवस्थित करेंगे, तभी हमारे आसपास की सभी चीजें ख़ुद-ब-ख़ुद व्यवस्थित होने लगेंगी।

अपने लिए समय बनाएं

प्राकृतिक रूप से हम सबके पास दिन में 24 घंटे होते हैं, पर यह इस बात पर निर्भर करता है कि हम इसका इस्तेमाल कैसे करते हैं। कोई अपना पूरा समय Productivity में लगाता है, जबकि कोई बैठे-बैठे बिना वजह उसे बर्बाद कर देता है। तो इसका मतलब यह हुआ कि चाहे समय हमें बराबर मिला है, परन्तु हम सबके पास असल में समय उतना ही होता है जितना हम इस्तेमाल करते हैं।

शुरुआत आज से ही करें

आज ही से आप अपने सारे दैनिक कार्य निपटाकर 3 घंटे के लिए शांति से बैठें या आप यह भी सोच सकते हैं कि आप किसी कक्षा में बैठी हुई कोई कोर्स कर रही हैं और आप यहां से अभी बाहर नहीं निकल सकतीं। इन तीन घंटों में आप अपने हर छोटे-बड़े काम की जो आप रोज़मर्रा की जिंदगी में करती आ रही हैं, उनकी एक सूची बनाएं। इसके लिए आप जल्दी ना करें जितना समय चाहिए, उतना लीजिए अगर एक और दिन बैठना पड़े तो फिर से बैठिए और वह सारे कार्य अपने दिमाग से निकालकर एक जगह लिख लें। याद रखें यह आपके सिर्फ दैनिक कार्य हैं, इस सूची को कम से कम 10 बार देखिए तथा पढ़िए और उसके बाद हर एक कार्य के सामने ठीक से विचार करते हुए लिखें कि क्या इस कार्य को सिर्फ आप ही कर सकती हैं, या आप किसी और को सौंप सकती हैं। ऐसा करते हुए आपकी लिस्ट में से कई काम स्वतः ही कम हो जाएंगे।

अपने काम की प्राथमिकता तय करें

इनमें से कई ऐसे कार्य होंगे जो सिर्फ आपको ही करने हैं। लेकिन अगर आप ठीक से सोचें, तो 80% ऐसे कार्य होंगे जिन्हें आप किसी और को सौंप सकते हैं, जिससे आप अपने समय को बचाकर उसका सही उपयोग कर सकें। अब आप परेटो प्रिंसिपल के आधार पर अपने बचे हुए कार्यों को 80/20 करिए।

80-20 का नियम यह कहता है कि यदि आपकी लिस्ट में 100 कार्य ऐसे हैं, तो उनमें से 20% कार्य सबसे ज्यादा जरूरी होते हैं, जिन्हें

आपको जल्द से जल्द करना चाहिए। सिर्फ वही 20% कार्य आपकी पहली सूची में होने चाहिए। बाकी के बचे हुए 80 कार्यों को आप वेटिंग लिस्ट या सम डे लिस्ट में लिखकर छोड़ दें।

इनमें से कुछ कार्य ऐसे होंगे जो आपको रोज करने होंगे, और कुछ ऐसे भी होंगे जो कभी-कभी करने होंगे—जैसे हफ्ते में एक बार या महीने में एक बार। लेकिन यह जरूरी है कि इन्हें निश्चित समय पर ही किया जाए।

1. जैसे हम स्कूल में रूटीन बनाते थे, वैसे ही एक कागज पर आप इसे बना सकते हैं।

2. आप बाजार से कोई प्लानर या शेड्यूलर खरीद सकती हैं, यह आजकल ऑनलाइन भी बहुत आसानी से उपलब्ध है। अपने हिसाब से पसंद करके इसे खरीद लें।

3. गूगल कैलेंडर हम सबके फोन पर आसानी से और मुफ्त में उपलब्ध है। इसमें कार्य जोड़ना बहुत ही आसान है। यदि आपको यह आता है, तो आप अभी शुरू करें और यदि नहीं आता, तो यूट्यूब पर कोई वीडियो देख लें या फिर आप अपने बच्चों की मदद ले सकती हैं। यह सबसे आसान तरीका है तथा यह आपको समय-समय पर आपके कार्यों की याद भी दिलाता रहेगा।

काम की प्लानिंग का सबसे पहला नियम यह है कि हम काम के खत्म होने का समय अवश्य निर्धारित करें। यदि हम कार्य के समाप्ति का समय निर्धारित नहीं करते, तो वह काम कभी भी अपने समय पर पूरा नहीं होता।

साथ ही, एक कार्य से दूसरे कार्य के बीच में 10 से 15 मिनट का अतिरिक्त समय जरूर रखें। बीच का यह समय हमें अगले कार्य की तैयारी करने या अचानक आए किसी जरूरी काम को पूरा करने में मदद करता है। यदि कोई छोटा कार्य हो, जो कि आधे घंटे में समाप्त हो सकता है, तो उसके बीच में 10 से 15 मिनट का बफर/अतिरिक्त समय रखें। और यदि आप दो से तीन घंटे का कोई कार्य कर रही हैं, तो आपको आधे से एक घंटे का टाइम बफर रखना चाहिए।

उदाहरण के तौर पर, मान लीजिए आप योगा करना चाहते हैं। आपने आधे घंटे का सेशन प्लान किया है और इसे सुबह 6 बजे करना है। तो आप अपने प्लानर में 6 बजे से 6:30 बजे तक का समय फिक्स करें और 10 मिनट अतिरिक्त समय रखें। हर कार्य के बीच में 10 से 15 मिनट का बफर टाइम होना चाहिए, ताकि बीच में होने वाले व्यवधान से बचा जा सके और दूसरा काम समय पर शुरू हो सके।

अब आप कैलेंडर में सबसे पहले वह सारे काम लिखें, जो आपको हर दिन एक निश्चित समय पर करने हैं। जैसे कि सुबह की चाय पीना या किसी को चाय देना, नाश्ता सोचना, बनाना, योगा करना, अपने कमरे की सफाई करना या करवाना। ऐसे छोटे-छोटे कई कार्य होते हैं, जिन्हें हम रोजाना करते हैं और एक निश्चित समय पर ही करते है।

अब आप उन कार्यों को अपने कैलेंडर में डालिए जिन्हें आप हफ्ते में एक या दो बार करती हैं। जब आप इन कार्यों को जोड़ देंगे, तब आपको कैलेंडर में कहीं-कहीं खाली जगह दिखेगी। जो खाली जगह रह गई हैं, वहां आप अपने जो 20 सबसे जरुरी कार्य थे उसमें से चार

कार्य पूरे हफ्ते में जहां-जहां आपको लगता है कि आप इन्हें कर सकते हैं, वहां डाल दें। यह जरूरी नहीं कि आप सभी कार्यों को एक ही हफ्ते में पूरा करें। आप इन्हें अगले हफ्ते के लिए भी प्लान कर सकती हैं। हो सकता है कि किसी कार्य को करने के लिए आपको तीन या चार बार बैठना पड़े, तो चार जगहों पर उस कार्य के लिए समय ब्लॉक करें। अगर एक ही बार में हो सकता है, तो दो, तीन, या चार घंटे का लंबा समय लें ताकि आप उसे पूरा करके ही उठें।

प्लानर को फॉलो करना इतना आसान भी नहीं होता, कई बार इसमें फ़ेर-बदल करने पड़ते हैं। पर यदि बदलाव करना पड़े, तो इसे अनुशासनपूर्वक करें। यह इतना मुश्किल भी नहीं है। आपने आज जो दिन भर में प्लान किया या कर रहे हैं और करते-करते बीच में कोई एक जरूरी काम आ जाए, जिसके लिए आपको जाना पड़े या कोई मेहमान आपके घर आ गया जिस कारण आप अपने सभी कार्यों को पूरा नहीं कर पाईं, यदि ऐसा कोई बदलाव करना पड़े तो आप इस बात का ध्यान जरूर रखें कि जो काम आज आप नहीं कर पाई हैं, उसे आप वहां से काट कर सबसे पहले किसी दूसरी खाली जगह पर जरुर लिख दें, नहीं तो वह बाद में छूट जाता है। जब भी किसी अचानक आए हुए काम के कारण आपके पूरे दिन में कुछ काम छूट जाए, तो आप बैकअप के तौर पर यह जरूर सुनिश्चित करें कि चाहे कुछ भी हो जाए, 4 में से 2 काम तो मैं पक्का ही पूरे करूंगी। उन दोनों कार्यों को पहले से ही किसी कलर से हाईलाइट कर दें।

हर काम की प्राथमिकता तय करें। आपकी पूरी लिस्ट में कुछ काम ऐसे भी होंगे जो पहले तो जरूरी थे पर अब नहीं हैं—उन्हें सबसे पहले

अपनी लिस्ट से हटा दें। कुछ काम ऐसे भी होंगे जो आपके बिना भी पूरे हो सकते हैं, कोई और उन्हें पूरे कर सकता हैं—उन्हें डेलीगेट कर दें, पर ध्यान रखें वह समय पर हों और आपको उनके पूरे होने की सूचना भी मिले। फिर आप उसे अपनी लिस्ट से हटा दें।

आप चाहे तो 7 दिन, 15 दिन, या 1 महीने का शेड्यूल एक साथ बना सकती हैं। इसके लिए आप हर रविवार 2 घंटे बैठकर पूरा हफ्ता प्लान करें। धीरे-धीरे यह आपकी आदत में शुमार हो जाएगा और आप इसे चुटकियों में कर लेंगी। आपके शेड्यूलिंग की आदत पड़ने के बाद, कोई भी कार्य आपको बिना प्लानिंग के या कैलेंडर में डाले बिना करने में मजा भी नहीं आएगा।

हम सब ने किरण बेदी का नाम सुना है और हम में से ज्यादातर लोग उनसे बहुत प्रभावित भी हैं, होना भी चाहिए, क्योंकि उन्होंने अपने दम पर अपनी मेहनत और लगन से ऊंचाइयों के शिखर को छुआ है! वह भी काम को डेलीगेट करने में विश्वास रखती हैं, ताकि अपने लिए समय बना सकें और अपने उस समय का उपयोग नई चीज़ें सीखने में कर सकें।

जब हमें पता होता है कि हमें क्या करना है और कितनी देर में करना है, तो हमारे सामने एक लक्ष्य होता है। नहीं तो प्लानिंग के अभाव में हम समय का उपयोग नहीं कर पाते, उल्टा समय हमें अपने हिसाब से चलाता रहता है और अपनी गति से आगे बढ़ता रहता है, जिससे हमें लगता है कि हम पीछे छूट गए हैं।

➢ **वेटिंग लिस्ट:** वेटिंग लिस्ट आपका बैकअप प्लान होती है। मान लीजिए, आपने किसी काम को करने के लिए आज का समय

निर्धारित किया है, लेकिन वह कार्य किसी अन्य व्यक्ति या संसाधन पर निर्भर करता है। यदि वह व्यक्ति या संसाधन उपलब्ध नहीं है, तो आप उस कार्य को पूरा नहीं कर पा रहे हैं, तब आप उस कार्य को किसी दूसरे खाली समय में अपने प्लानर में डालें और वेटिंग लिस्ट से कोई अन्य काम उठाकर उसे पूरा कर लें ताकि आपका समय बर्बाद न हो और एक काम भी पूरा हो जाए।

➢ **सम डे लिस्ट:** सम डे लिस्ट में वे 80% काम होते हैं जो बहुत जरूरी नहीं हैं, लेकिन आपने सोचा है कि कभी मन हुआ या समय मिला तो उन्हें कर लेंगे। इन्हें अपने कैलेंडर में अपनी सुविधा के अनुसार डालें, और किसी दिन जब आपके पास और कोई काम न हो, तो इस लिस्ट में से कोई भी कार्य अपनी इच्छा से पूरा कर लें।

मापदंड व्यवहार को प्रेरित करता है
(Measurement Drives Behaviour)

जो आप शेड्यूल करेंगे, वही होगा—यह नियम है। और जो आप शेड्यूल नहीं करेंगे, वह आमतौर पर कभी नहीं होता।

रोज रात को सोते वक्त अपना कल का कैलेंडर जरूर देखें। इससे वह रात को आपके अवचेतन मन में बहुत ही अच्छे से बैठ जाएगा और मैनीफेस्ट हो जाएगा। कहा जाता है कि अगर आप किसी चीज़ को लिखते हैं, तो वह जल्दी मैनीफेस्ट होती है, और मैंने इसे अपनी जिंदगी में बहुत ही अच्छी तरह से काम करते हुए देखा भी है। सुबह उठते ही आपके पास एक नया दिन होगा, तथा कैलेंडर के तौर पर आपके लक्ष्य सामने होंगे। जब-जब आप उन्हें पूरा करें, तब अपने आप को इनाम दें। जैसे कि यदि आप मोबाइल में गेम खेलते हैं, तो आप एक-दो गेम

खेलें या फिर शीशे के सामने जाकर डांस का एक स्टेप कर सकते हैं या फिर सिर्फ अपने आप को "यू आर द बेस्ट" कहकर शाबाशी दे सकते हैं।

मैं भी मोबाइल में एक-दो गेम खेलती हूं, और रिवॉर्ड के तौर पर 5-10 मिनट लगाकर अपने गेम के उन बूस्टर्स को ले लेती हूं, जो बीच-बीच में आते हैं, ताकि मैं जब भी काफी देर तक गेम खेलूं तो उन बूस्टर्स की मदद से सभी लेवल्स को आसानी से पार कर सकूं।

अपनी आदतों में आप एक और आदत को शुमार कर लें—दिन खत्म होने के बाद एक बार अपने प्लानर को जरूर देखें। इससे आप देख पाएंगे कि आपने कितने लक्ष्य पूरे किए और कितने समय पर किए। इस पुस्तक के साथ, मैंने एक शेड्यूलर भी बनाया है, जिसमें एक हैबिट ट्रैकर है। आप इसमें नीचे अपनी आदतें लिख लें और रोज़ उसे मार्क करें। हफ्ते के आखिर में जब आप देखेंगे, तो आपको पता चलेगा कि आपने किन आदतों को रोज़ाना किया है और किन आदतों पर आपको ज्यादा ध्यान देना चाहिए।

सेल्फ केयर: अपने आप से प्यार करें

जब भी कोई हमसे पूछता है कि आपका सबसे अच्छा दोस्त कौन है या आपका हमसफर कौन है, तो अक्सर अपने जवाब में हम अपने पति या फिर किसी दोस्त का नाम लेते हैं। क्या ऐसा कोई नाम आपके ज़हन में आता है, जो आपको जिंदगी भर साथ रहने की गारंटी देता हो?

हमारी सबसे बड़ी नियामत हमारा शरीर ही है, जो ईश्वर ने हमें तोहफ़े में दिया है। किसी का कोई भरोसा नहीं आगे-पीछे कौन साथ छोड़ जाए या अलविदा कह दे, लेकिन असल में हमारा सच्चा हमसफ़र हमारा

शरीर है, जो आखिरी सांस तक हमारे साथ रहता है तथा बिना रुके, बिना कुछ कहे, अपना कार्य करता रहता है।

अपना ध्यान रखना उतना ही ज़रूरी है जितना कि आप दूसरों का रखते हैं बल्कि मैं कहूंगी उससे भी ज्यादा। अगर आप खुद स्वस्थ हैं और खुश मिजाज हैं, तभी आप दूसरों का ध्यान अच्छे से रख पाएंगे। अगर हम खुश हैं, तो हम अपने आसपास के माहौल को भी बहुत ही खुशनुमा बना सकते हैं और खुशी तभी आती है जब हम पूरी तरह से स्वस्थ हैं और उसे अंदर से महसूस कर पाते हैं। बनावटी खुशियां तो आजकल सोशल मीडिया पर भी बहुत दिखती है।

हम कई बार विचार करते हैं कि हम जिम जॉइन कर लें, कभी सोचते हैं, योगा सेंटर चले जाएं, परंतु कई बार आने-जाने के समय को देखते हुए या कभी-कभी घर के कपड़ों को बदलकर दूसरे कपड़े पहन कर जाने के आलस में हम उसे आज की जगह कल पर टाल देते हैं।

ऐसा काम जो बहुत जरुरी है और किसी ऐसे कारण की वजह से नहीं हो पाता, जिसका दूसरा उपाय भी है तो इस पर ध्यान देने की जरुरत है! आज के इस युग में इतने संसाधन आ गए हैं कि आपको कहीं जाने की जरूरत ही नहीं है। एक से एक अच्छे कोच आपको ऑनलाइन मिल जाते हैं। आप अपनी पसंद के हिसाब से ऑनलाइन सर्च करके कोई योगा क्लास ज्वाइन करें, जो आप सुनिश्चित करें कि मुफ्त ना हो। यह जरूरी है कि वह पैसे देकर किया गया कोर्स हो तभी उसकी अहमियत होती है और इससे अनुशासन भी बना रहता है। साथ ही साथ आप अपना आने-जाने का समय भी बचा लेंगे। यूट्यूब के कोई भी रिकॉर्डेड वीडियो देखकर एक्सरसाइज करने की कोशिश कभी ना करें,

क्योंकि यह तो रिकॉर्डेड है और इसे हम बाद में कभी भी कर सकते हैं कहकर टालते रहते हैं और फिर कभी नहीं करते आखिर में वह छूट जाता है इसलिए यह जरूरी है कि आप पेमेंट करके क्लास ज्वाइन करें, तब एक टाइम भी फिक्स हो जाएगा और धीरे-धीरे शरीर को हम स्वस्थ भी रख पाएंगे। इसी तरह शरीर के अलग-अलग अंगों के लिए भी योगाभ्यास करवाने वाले कोच उपलब्ध हैं। आप अपनी जरूरत के हिसाब से कोच का चयन कर सकते हैं, जैसे आँखें, कमर, चेहरा या बाज़ू इत्यादि।

रोज़ एक्सरसाइज करें और इसे नियमित रखें, भले इसके लिए आपको एक घंटा जल्दी उठना पड़े। किसी भी अन्य काम के लिए अपने योगा के समय के साथ समझौता ना करें।

छोटी-छोटी चीज़ें आप किसी-किसी कार्य के बीच में भी कर सकती हैं, जैसे योगा करने के तुरंत बाद 5 मिनट की आँखों की एक्सरसाइज कर लें, जिससे आपकी आँखें स्वस्थ रहेंगी और नियमित रूप से करने से हो सकता है कि आपका चश्मा भी उतर जाए।

अपने आप से प्यार करें। औरतों को हमेशा सुंदरता के नजरिए से देखा जाता है, हम जब खुद भी अपने चेहरे और शरीर पर थोड़ा ध्यान देते हैं तथा जब हम पूरी तरह फिट होते हैं, तो हमारे अंदर का विश्वास कहीं ना कहीं बहुत बढ़ जाता है। यही आत्मविश्वास हमें भीड़ से अलग करता है। हमें अक्सर जब कहीं किसी पार्टी या इवेंट में जाना होता है, तभी पार्लर जाने का सोचते हैं। एक फिक्स अंतराल में इसे अपने रूटीन में शामिल कीजिए ताकि अगर अचानक भी कहीं जाना पड़े या कोई आ जाए तो भी हम अपने आप को आत्मविश्वास से भरपूर पाएं। कई बार तो प्रोग्राम इतनी जल्दी में बन जाता है कि हम पार्लर जाने का समय

भी नहीं निकाल पाते। यहाँ ध्यान देने की बात ये भी है की हम कहीं जाएंगे या कोई आएगा सोच कर ही सिर्फ ये न कर रहें हो, यह हमेशा दूसरों के लिए ही नहीं करना है आप अपने आप को भी आईने में देखकर, कि मैं कितनी सुंदर हूं और फिट/परफेक्ट हूं, कहकर खुश हो सकती हैं और आपको इतना सुंदर बनाने के लिए अपने माता-पिता को धन्यवाद कह सकती हैं।

उम्र के साथ हमारे होठों का रंग गहरा हो जाता है, तो रात को सोने से पहले जब आप ब्रश करती हैं (अगर नहीं करतीं तो आज से शुरू करें), उसके साथ लिप स्क्रब का इस्तेमाल करें। इसे हफ्ते में एक बार करना होता है, और मुश्किल से 1 मिनट लगता है।

हर 6 महीने में एक बार अपना हेल्थ तथा डेंटल चेकअप जरूर करवाएं। जरूरी नहीं कि दांत में दर्द हो तभी डेंटिस्ट के पास जाएंगे। पहले से शेड्यूल करके रखें कि हर 6 महीने में दांतों का चेकअप होगा, ताकि दांतों की बड़ी समस्या का, उनके छोटे रहते ही निदान हो जाए।

ऐसी छोटी-छोटी चीजों को करने से आपको बहुत ही खुशी महसूस होगी। अपने आप को सवांरिये, इससे आपका आत्मविश्वास बढ़ेगा। तारीफ किसे अच्छी नहीं लगती, जब भी कोई कहता है कि तुम अपने आप को कितना मेंटेन रखती हो, दिल खुशी से झूम उठता है, भले ही हम सामने से कहें, "अरे, मैं तो कुछ खास नहीं करती।"

खुद को दैनिक चिंता से मुक्त करें

रोज की चिंताएं हमारा कितना समय निगल जाती हैं हमें अंदाजा भी नहीं है।

हम यह सोचने में काफी समय ज़ाया कर देते हैं और करते आए हैं कि आज क्या खाना बनाएं या बनवाएं।

इस सोच में जब काफी वक्त निकल जाता है तब अंत में हम जल्दी-जल्दी निर्णय लेते हैं। फ्रिज खोलते हैं और देखते हैं क्या बचा हुआ है। कई बार कुछ पसंद नहीं आता या कुछ सामग्री नहीं होती, जिससे हमें तुरंत बाजार से मंगवाना पड़ता है, जो दिमाग में और भी तनाव पैदा करता है। इसी कारण हम अक्सर अस्त-व्यस्त नजर आते हैं। हम सबने ज्यादातर अपने घरों में देखा होगा कि पूरा खाना बन जाने के बाद भी लोग बाहर से खाना मंगवा लेते हैं क्योंकि किसी को लगता है कि खाना उसकी पसंद के हिसाब से नहीं बना है या फिर उसे कुछ और खाने का मूड है। ऐसे में खाना बनाने वाले का समय तथा संसाधन दोनों ही बर्बाद होते हैं, जिस पर ध्यान देना बहुत ज़रूरी है।

हर रविवार को परिवार के साथ बैठकर पूरे हफ्ते का मेन्यू तय कर लें। इससे आप बार-बार क्या बनाना है, इस चिंता से बच जाएंगे, और परिवार के सदस्य भी खुश रहेंगे।

अगर आपके बच्चे या आप सब बाहर का खाना खाना चाहते हैं तो हफ्ते का एक दिन तय करें और उसी दिन स्विग्गी या जोमैटो से आर्डर करें। यह काम आप बच्चों पर छोड़ सकते हैं ताकि आप निश्चिंत हो जाएं क्यूंकि उसके बाद वही सबसे पूछेंगे कि क्या मंगवाना है और क्या ऑर्डर करेंगे। यदि आपके माता-पिता बाहर का खाना नहीं खाते हैं, तो आप उनके पसंदीदा भोजन के बारे में पहले ही सोचकर लिख लें। इस प्लानिंग में आपका सारा सामान एक या दो बार में ही आ जाएगा और बार-बार हिसाब रखने से छुटकारा मिल जाएगा। इन छोटी-छोटी

प्लांनिग से आप सभी झंझटों से बच जाएंगे और आपका काफी समय भी बचेगा।

महिलाएं ज्यादातर यही कहती हैं कि मेरी पसंद छोड़ो मैं तो तुम सब जो खाओगे वही खा लूंगी।

अगर सभी घर का खाना खा रहे हैं और आपका कुछ और खाने का मन है, तो आप अपने लिए मंगवा लें। अपने मन की खुशी को भी जरूर पूरा करें!

आस पास का माहौल

अपने आप को व्यवस्थित करने में एक बहुत ही जरूरी बात यह भी आती है कि आपके आसपास का माहौल कैसा है। आपके घर का माहौल यदि थोड़ा भी तनावपूर्ण है या कोई बात आपको पसंद नहीं है और वह आए दिन होती रहती है, तो बिना कुछ कहे इसे नज़रअंदाज करने की कोशिश करें या फिर एक बार साफ-साफ कह दें कि आपको ऐसी बातें पसंद नहीं है। आपके लिए जरूरी है कि आप अपना समय बचाएं। यदि हर छोटी-छोटी बात में आप शामिल होने लगेंगे तो आपके दिमाग की प्रोडक्टिविटी भी कम होती जाएगी और दिनभर अवचेतन मन में यही सारे ख्याल चलते रहेंगे और आप खुशी महसूस नहीं करेंगे। जब मन में खुशी ना हो तो कोई भी लक्ष्य आप पूरा नहीं कर सकते इसलिए आप खुद को इन सब चीजों से दूर रखें।

आप सब भी करते होंगे, मैं भी बहुत समय तक घर के काम किया करती थी। मैं खाना भी बनाती थी और बाकी सारे काम भी करने पड़ते थे, तब मेरी प्राथमिकता वही थी। धीरे-धीरे मैं घर के व्यवसाय से जुड़ी,

और थोड़ा-थोड़ा करते-करते मैंने बिजनेस का एक बड़ा हिस्सा संभाला, और मेरी प्राथमिकताएं बदल गईं। अब मैं घर में खाना नहीं बनाती थी, पर कहीं ना कहीं मेरे दिमाग में यह चलता रहता था कि मैं घर में कुछ नहीं कर रही हूं और आराम से बैठकर खाना खा रही हूं। यह कई दिनों तक चलता रहा। फिर एक दिन मैंने निर्णय लिया कि इस चिंता को मैं अपने आप से दूर करूं। मैंने घर में एक बार सबको बता दिया कि यदि कोई मेहमान आया है या काम करने वाला कोई नहीं है, ऐसे में मैं हमेशा उपलब्ध रहूंगी, पर मैं रोज के इन सब कामों में अब उपलब्ध नहीं हूं क्योंकि अब इन कामों में मुझे मजा नहीं आता। मेरी प्राथमिकताएं बदल गई हैं, मैं अपने बाकी कामों पर ध्यान देना चाहती हूं। सबने मेरी बात को समझा तथा स्वीकार किया, इससे मैं भी तनाव मुक्त हो गई।

कई बार हम अपनी बात ठीक से सामने वाले को समझा नहीं पाते और उससे जूझते रहते हैं। इसलिए बात का स्पष्टीकरण जरूरी है, ताकि आप चिंता मुक्त रहें और अपने लक्ष्यों पर ध्यान दे सकें।

घर में बड़ों का बहुत सहारा होता है। उनके आशीर्वाद से ही हम आगे बढ़ सकते हैं और घर भी हरा-भरा लगता है। अगर आप सक्षम हैं, तो अपने माता-पिता के लिए एक आया या नर्स रखें जो सही तरीके से उनकी देखभाल कर सके। उसे रखते वक्त ठीक से समझा दें कि किन बातों का खास ध्यान रखना है, और अगर कोई भी समस्या आए तो आपको जरूर बताना है। बीच-बीच में, जो भी बुजुर्ग या यदि आपके माता-पिता घर में हैं, तो उनसे दिन भर में एक बार जरूर मिलकर प्यार से पूछ लें उन्हें कोई परेशानी तो नहीं हुई। यदि वह कहीं जाना चाहते हैं और आप उनके साथ नहीं जा सकते, तो कोई बात नहीं, पर ऐसा

प्लान बनाएं कि जो भी उनके साथ जा रहा हो, वह खुशी से जाएं और हर जगह उनका ध्यान रखे। याद रखें आप हर जगह उपस्थित नहीं रह सकते, इसलिए मन में कोई ग्लानि ना रखें। उनसे एक बात जरुर शेयर करें कि आप क्या कर रहे हैं और आपके लक्ष्य क्या हैं, ताकि उन्हें पता हो कि आप कहाँ व्यस्त हैं! हफ्ते में एक दिन उन्हें जरूर बताएं कि आप अपने लक्ष्य तक पहुंचने के लिए क्या-क्या कर रहे हैं और कहां तक पहुंचे हैं। यदि आपको, आपके लक्ष्य को पाने में किसी रुकावट का सामना करना पड़ रहा है, तो वह भी उनसे साझा करें। यकीन मानिए, वे भी आपकी खुशी में शामिल होंगे और हो सकता है आपको कोई नया रास्ता भी बताएं जो आपके लिए मददगार साबित हो।

जब हम बड़ों के साथ मिलकर और उनसे बात करके कुछ करते हैं, तो खुशी दोगुनी होती है और तनाव भी नहीं होता। अगर उन्हें कुछ चाहिए, तो ऑनलाइन ऑर्डर करें और उन्हें खुद वह पैकेट खोलने दें। इससे उनकी खुशी बढ़ेगी और आपका समय बचेगा। यदि आप किसी को उनकी देखभाल के लिए रखने में सक्षम नहीं हैं, तो पार्ट-टाइम हेल्प लें, जो आकर उनके हर जरूरी काम करने में उनकी मदद कर सके। इसके अलावा, आप उन्हें बाकी समय यह सिखाएं कि क्या कैसे करना है, जैसे कि यदि कोई सिनेमा देखना हो तो नेटफ्लिक्स कैसे चलाएं या यूट्यूब पर वीडियो कैसे खोजें। इन्हें कैसे खोजना है, कैसे लिख या बोलकर सर्च करते हैं। आपके लिए अच्छा होगा कि आप स्टेप बाय स्टेप उन्हें लिख कर दें, क्योंकि मैंने देखा है कि बड़ी उम्र में कई बार वो भूल जाते हैं, सच कहूं तो वो क्या, आजकल हम सब भी काफी समय लेते हैं कुछ सीखने में तथा याद रखने में।

काफी चीज़ें हमें उन्हें कई बार समझानी पड़ती है। व्हाट्सएप पर मैसेज भेजना, बोलकर कैसे रिकॉर्ड करना, या डाउनलोड कैसे करना है, यह सब भी उन्हें सिखा दें। कभी-कभी ऐसा भी होता है कि हमें व्यस्त देखकर या बार-बार सीखने और पूछने के संकोच में वह हमें बताते ही नहीं कि उन्हें कोई परेशानी हो रही है और वह उस काम को ठीक से कर भी नहीं पाते।

ना कहने में कोई बुराई नहीं है!

अब तक आपने अपनी ज़िम्मेदारियाँ काफी हद तक निभा ली हैं। बच्चे भी बड़े हो गए हैं, या तो वे पढ़ाई के लिए बाहर चले गए हैं या शादी करके सेटल हो गए हैं। उनके भी अपनी दोहरी जिंदगी के मापदंड है—काम और नया रिश्ता, जिसमें उन्हें तालमेल बैठाने में वक्त लगता है, जैसे कभी हमारे साथ हुआ करता था। जो दोहरी जिंदगी हम जी चुके हैं, वही अब वे जी रहे हैं। ऐसे में उनसे यह कहना कि "तुम्हारे पास तो समय ही नहीं है" सही नहीं होता। हम अक्सर जाने अनजाने ऐसा कह ही देते हैं!

जब बहू घर में आती है, तो शुरू-शुरू में हम उसे खूब लाड़-प्यार करते हैं और कोई भी काम करने से रोकते हैं। फिर धीरे-धीरे आपको लगता है कि बेटे-बहू तो अपने काम पर चले जाते हैं, और घर का सारा काम तो मुझे ही करना पड़ता है। "मेरी जिंदगी तो फिर पहले जैसी ही हो गई है, "या "मैं तो फिर से घर-गृहस्थी में ही फंस गई हूं," क्योंकि उन्हें पता है कि "मम्मी तो घर पर ही हैं, सब कर लेंगी। हममें से ज्यादातर लोग इस समस्या से जूझते हैं। जब हम अपनी बेटियों की शादी करके विदा करते हैं, तो हमें उम्मीद रहती है कि वह ऐश-ओ-आराम की

जिंदगी जिएं, अपने पसंद के काम करें, नौकरी या व्यापार करें, और उन्हें पूरी आज़ादी हो। लेकिन जब बहू घर में आती है, तो ये सारी बातें रफू चक्कर हो जाती हैं। कितना भी हम ढिंढोरा पीट लें कि, "बहू भी बेटी ही है," लेकिन यह सिर्फ एक जुमला ही लगता है।

मैं तो यह समझ नहीं पाती कि जब वह बहू है, तो उस रिश्ते को हम बहू का ही क्यों नहीं रहने देते? क्यों हम उसे "बेटी" बनाने की कोशिश करते हैं? क्या यह नहीं हो सकता कि रिश्ता बहू वाला ही रहे, लेकिन प्यार बेटी जैसा हो? आपस में तालमेल बेटी जैसा हो? दोनों रिश्तों की अपनी अहमियत होती है। असल में यहां बात बहू या बेटी की नहीं है, बात यह है कि हमें रिश्तों को बैलेंस करना नहीं आता।

अगर आप अपने घर में सभी के साथ बैठकर स्पष्ट रूप से अपनी बात कहें, तो यह जरूर कहें कि "मैं हमेशा उपलब्ध नहीं हूं" या "मेरा टाइम शेड्यूल यह है, इसमें से जो खाली समय है, उसमें मैं कौन-कौन से काम करूंगी।" ऐसे में उनको भी पता होगा कि उन्हें क्या-क्या काम करने हैं। वरना जब कहीं बाहर से आकर देखें कि कोई काम पूरा नहीं हुआ है, जो उन्हें उम्मीद थी कि आप करके रखेंगी, तो वहीं से अनबन शुरू होती है, और वह धीरे-धीरे व्यवहार में भी दिखने लगती है।

अपनी बात को सकारात्मक सोच के साथ उन तक पहुंचाएं। वे जरूर समझेंगे। आपका बात करने का तरीका सटीक और समझदारी भरा होना चाहिए।

ना कहना आसान है, बस तरीका सही होना चाहिए।

यदि आप इस तरह की छोटी-छोटी बातों पर ध्यान देकर उन्हें व्यवस्थित कर देती हैं, तो आप अपने लिए काफी समय बना लेंगी। और अब आप

"अब?"

पूरी तरह से आत्मविश्वास से भरी हुई तैयार हैं, अपने सपनों की उड़ान भरने के लिए, उन्हें पूरा करने के लिए।

Activity

हम सब हाउज़ी (HOUSIE) खेलना जानते हैं, जिसे बिंगो भी कहते हैं! आपके लिए मैंने खासतौर पर एक बिंगो तैयार किया है, जिसका उद्देश्य है महिलाओं को प्रेरित करना, ताकि वे आत्म-देखभाल पर ध्यान केंद्रित करें और अपने सपनों को साकार करने की दिशा में कदम बढ़ा सकें।

यह गतिविधि न केवल व्यक्तिगत विकास को बढ़ावा देती है, बल्कि रोज़मर्रा के तनाव को कम करने और खुशी का एहसास बढ़ाने में भी मददगार है। इसमें छोटे-छोटे कार्य शामिल हैं, जो आत्म-प्रेरणा, संतुलन और आत्मनिर्भरता को मजबूत करते हैं।

Block 1	Block 2	Block 3	Block 4	Block 5
रोज़ 15 मिनट व्यायाम करें	कुछ ऐसा करें जो आपने पहले कभी नहीं किया हो	देर तक सोएं/ आराम करें	1 आर्ट गतिविधि करें	प्रकृति में समय बिताएं
कुछ नया अकेले करने की कोशिश करें	अपनी तारीफ करें/ खुद को बधाई दें	साप्ताहिक लक्ष्य तय करें	घर से दूर समय बिताएं	किसी को कुछ सिखाएं/ गाइड करें
अपना पसंदीदा/ कंफर्ट वाला भोजन बनाएं	एक मूवी/वेब सीरीज़ देखें	फ्री बिंगो ब्लॉक (आप इसे मुफ्त में चुन सकते हैं)	उस चीज़ के लिए मना करें जिसे आप नहीं करना चाहते	मदद मांगें
अपने लक्ष्य की ओर 1 कदम बढ़ाएं	1 जगह की सफाई करें	कुछ नया सीखें	खुद को आराम दें	ध्यान/ चुपचाप बैठने का समय लें
इस सप्ताह की 3 अच्छी बातें लिखें	अपने शौक के लिए समय निकालें	कुछ काम किसी और को सौंपें	वह काम करें जिसे आप लंबे समय से टाल रहे हैं	अपने दोस्तों से मिलें

कैसे खेलें:

- ➤ **साप्ताहिक चुनाव करें:** हर सप्ताह इस बिंगो शीट से कोई भी 5 गतिविधियाँ करने का लक्ष्य बनाएं।

- ➤ **फ्री बिंगो ब्लॉक:** अगर आप सप्ताह में केवल 4 गतिविधियाँ पूरी कर पाती हैं, तो आप "फ्री बिंगो ब्लॉक" का इस्तेमाल कर सकती हैं ताकि आपका टारगेट 5 पूरा हो सके।

- ➤ **साप्ताहिक समीक्षा करें:** सप्ताह के अंत में सोचें कि आपने किन 5 गतिविधियों को पूरा किया और यह आपके लिए कितना फायदेमंद था।

- ➤ **हर सप्ताह नई शुरुआत:** हर हफ्ते इसे खेलें और ध्यान दें कि आप हर सप्ताह नई गतिविधियों को शामिल करें।

- ➤ **दोस्तों के साथ खेलें (वैकल्पिक):** अगर आप इसे दोस्तों या समूह में खेलती हैं, तो देखिए कौन सबसे पहले 5 गतिविधियाँ पूरी करता है। उसे छोटे-से इनाम के साथ प्रोत्साहित करें!

ध्यान दें:

इस खेल को साप्ताहिक आधार पर खेलने से आप आत्म-देखभाल की एक आदत विकसित करेंगी और अपने जीवन में छोटे-छोटे सकारात्मक बदलाव ला सकेंगी।

◇ ◇ ◇ ◇ ◇

मैं इस अध्याय पर आधारित आपको नोट्स और अनुभव लिखने के लिए कुछ पन्ने खाली छोड़ रही हूँ। इसे पढ़ने के दौरान आपके मन में जो भी विचार या भावनाएं आयीं, आप बेझिझक यहाँ लिख सकती हैं।

____

____

____

____

____

____

____

____

____

____

____

____

"अब?"

अध्याय 2

अपने सपनों पर पुनर्विचार

जब आपने अपने आप को पूरी तरह से व्यवस्थित कर लिया है, तो सबसे जरूरी है कि आप अपने सपनों पर पुनर्विचार करें और उन पर अच्छी तरह से ध्यान दें। हमने जिंदगी जीते-जीते अपनी छोटी-छोटी खुशियां और अपने सपनों को कहीं दरकिनार कर दिया है। अब, अगर कोई अचानक पूछता है कि "तुम्हारा सबसे पसंदीदा सपना या मनपसंद कार्य क्या है?" तो हमें एक बार को सोचना पड़ता है। हम क्या करना चाहते थे? **हमारी ताकत, हमारी अपनी सुपर पावर क्या है?** कई बार हम अपनी छुपी हुई प्रतिभा को ही भूल जाते हैं।

सवालों में छिपे जवाब

इसके लिए जरूरी है कि आप पूरी तरह से अपने आप को स्थिर करते हुए एक आरामदायक और शांत जगह पर बैठें, या फिर दो-तीन दिन या सात दिनों के लिए अकेले कहीं बाहर चले जाएँ, ताकि आप फिर से खुद को खुद में ढूंढ सकें। यह इतना मुश्किल भी नहीं है। यदि आप चाहें, तो अपने किसी ऐसे दोस्त को साथ ले जाएँ, जिससे आपका मन मिलता है और आप दोनों एक जैसा सोचते हों। यदि आप घर में ही शांति से बैठ सकती हैं, तो वह भी कर सकती हैं, पर घर में हमारा ध्यान अक्सर किसी न किसी काम में भटकता रहता है। इसलिए मेरी सलाह है कि आप कहीं बाहर जाकर ही यह कार्य करें।

डायरी और पेन लेकर बैठें, और खुद से कुछ सवाल पूछें। जरूरी नहीं कि जवाब आपको तुरंत साथ के साथ मिल जाए, आप सिर्फ सवाल लिखें। डायरी और पेन उठाइए और जो भी आपके मन में है, वह सारे सवाल आप खुद से पूछिए, जैसे कि:

➢ क्या मैं अभी जहां जिस मोड़ पर हूं, वहां खुश हूं?

➢ क्या मैं हमेशा से ही यही करना चाहती थी या कुछ और?

➢ पिछले कुछ सालों मे ऐसी कौन-सी चीज़ है जो पीछे छूट गई और जिसे आज भी मैं मिस करती हूं?

➢ कौन-सी ऐसी चीज है, जो मुझे सबसे ज्यादा खुशी देती है?

➢ ऐसा क्या है जो मेरे अवचेतन मन में बार-बार मुझे तनावग्रस्त करता है?

➢ मैं ऐसा कौन-सा काम करती हूं जिसमें मुझे समय का पता ही नहीं चलता और मैं बहुत खुश रहती हूं?

इस तरह के सभी सवाल जितने भी आपके मन में आएँ, वह आप नोट करती जाएँ। इन सवालों को लिखते वक्त आप 10 मिनट का टाइमर लगाइए, और बिना सोचे जो भी आपके दिमाग में आता है, उसे लिखते जाइए। भले ही आप गलत लिख रही हों, उस समय उसे सुधारने की जरूरत नहीं है। बस 10 मिनट तक लगातार लिखती रहे। जब आपको लगने लगे कि अब लिखने के लिए कुछ नहीं है, तब रुक जाइए। लंबी, गहरी सांस लीजिए, और उसके बाद जो आपने लिखा है, उसे ठीक तरह से तीन-चार बार ध्यान से पढ़िए। इसके बाद आप इन सभी सवालों के जवाब लिखने के लिए तैयार होंगी।

अपने आप से पूछे गए हर सवाल का ईमानदारी से जवाब दीजिए क्योंकि आपको इसे किसी को बताने की जरूरत नहीं है। यह आप सिर्फ अपने लिए कर रहे हैं। जब आपको यह सारे जवाब मिल जाएं, तो आप फिर से डायरी उठाएं और आगे बढ़ें।

आपके जितने भी छोटे-बड़े शौक या सपने हैं, जो आप बचपन से करना चाहती थीं, उन सभी को एक जगह लिखें और फिर से देखें कि क्या आप अब भी उनको करना चाहती हैं, या आज के युग के हिसाब से आपकी कोई नई हॉबी बन गई है जिसे आप और भी अच्छी तरह से सीखना चाहती हैं। समय के साथ-साथ बहुत सी प्राथमिकताएं और इच्छाएं बदल जाती हैं! हो सकता है कि बचपन में आप सिंगर या डांसर बनना चाहती थीं, और अब आपकी वह इच्छा बदल गई हो। आज आप यूट्यूब पर वीडियो बनाकर डालना चाहती हैं या अपना यूट्यूब चैनल लॉन्च करना चाहती हैं। इच्छा चाहे जो भी हो, यदि कोई पुरानी इच्छा आज भी आपको खुशी देती है, तो समय आ गया है कि आप उन सपनों को साकार करने के लिए अपने मन में आत्मविश्वास पैदा करें। मैं बचपन से हमेशा ही हिंदी की न्यूज़ रीडर बनना चाहती थी। जब भी मैं टेलीविजन पर किसी को न्यूज़ पढ़ते हुए देखती थी, तो मुझे भी वही करना अच्छा लगता था। लेकिन हमारे वक्त में इतने संसाधन नहीं थे, और हमें यह पता ही नहीं होता था कि टीवी में न्यूज़ रीडर बनने के लिए क्या करना है और कैसे जाना है। एक तरह से हम बिल्कुल अनाड़ी ही थे।

हमारी बहुत बड़ी समस्या यह है कि हमें यह ही नहीं पता होता कि हमें क्या करना है। इस शांत और खाली समय में, जब आप अकेली हैं, आप अपने आप से जितने ज्यादा सवाल पूछेंगे, उतना ही जल्दी आप अपने

लक्ष्य और अपनी इच्छाओं को निर्धारित कर सकेंगे और आप उसकी तरफ तेज़ी से आगे की ओर कदम बढ़ा सकेंगे।

आप अपने स्ट्रैंथ की ओर ध्यान दें। आप यह देखें कि जब भी आप कहीं जाते हैं, लोग आपसे क्या पूछते हैं? आपसे किस विषय पर राय मांगते हैं? वह आपकी स्ट्रैंथ ही तो है, बस इसे पहचान की जरूरत है। यह जरूरी नहीं है कि हर काम आपको अपने लक्ष्य पर ही फोकस करके करना है। आप कुछ ऐसे काम भी जरूर करें, जो आपको अंदरुनी खुशी प्रदान करते हों। सबसे जरूरी यह है कि आप तय करें कि आप क्या करना चाहती हैं। "कैसे करना है" यह अभी सोचने की जरूरत नहीं है। जब 'क्या' फिक्स हो जाता है, तो 'कैसे' का जवाब अपने आप मिल जाता है। इसके लिए कोच उपलब्ध होते हैं, जिनका काम है आपको सिखाना।

यहां मैं अपना अनुभव साझा करना चाहती हूं। मैंने 51 साल की उम्र में बिजनेस कोचिंग की क्लास शुरू की। मेरे साथ 250 लोग और थे, जिनकी उम्र 28 से 65 साल के बीच थी। वे सभी कई वर्षों से व्यापार कर रहे थे, फिर भी सीखने के लिए वहां आए थे। यह कोर्स पूरे 9 महीने का था।

अब सवाल आता है कि क्या वे सभी लोग बिजनेस करना नहीं जानते थे? हां, जानते थे। लेकिन उन्हें खुद को अपग्रेड करना था, जो चीजें सही से नहीं हो रही थीं, उन्हें सही करना था। हम सभी ने वहां बहुत कुछ सीखा।

मेरे सामने भी कई लोगों के हैरानगी भरे सवाल आए, जैसे:

➢ "बिजनेस की क्लास? क्यों?"

➢ "ऐसा क्या है जो तुम्हें नहीं आता?"

➢ "क्लास में बिजनेस का क्या सिखाएंगे?"

> "सबके काम करने के तरीके अलग-अलग होते हैं; उन्हें क्या पता हमारे बिजनेस में क्या और कैसे होता है?"

ऐसे कई सवाल थे!!! पर जरूरी नहीं कि हर सवाल का जवाब शब्दों में दिया जाए। कभी-कभी हम अपने काम और परिणामों से भी जवाब दे सकते हैं। परिणाम दिखाने की जरूरत होती है, बोलकर बताने की नहीं।

इस कोर्स को पूरा करने के बाद मुझे ऐसा महसूस हुआ, जैसे मैंने अपनी शिक्षा फिर से शुरू की है। इन चार सालों में, कई कोच मेरी जिंदगी में आए और एक के बाद एक सभी से मैं लगातार कुछ न कुछ सीखती रही हूं।

सीखने के लिए कभी देर नहीं होती। जागरूकता ही सफलता की ओर पहला कदम है, जो हमें हमारे लक्ष्य तक पहुंचाती है।

उपलब्धियों पर ध्यान दें- चाहे वो छोटी हो या बड़ी

हम जिंदगी में बहुत कुछ हासिल (अचीव) करते हैं, लेकिन हम उन्हें भूल जाते हैं, उन्हें एंजॉय नहीं करते, सेलिब्रेट नहीं करते। आप एक पन्ने पर यह लिखें कि आपने अब तक क्या-क्या अचीव किया है और कौन-कौन सी ऐसी बातें है जो आपको आज तक याद हैं। साथ ही, जो चीजें आपको तकलीफ देती हैं, वह भी लिखें। इस चैप्टर के अंत में, मैं आपको एक एक्टिविटी दूंगी जिसे आप पूरी ईमानदारी से पूरा करें। आपके कई सवालों के जवाब इस पहेली में भी छुपे होंगे। हो सकता है कि इतने सारे सवाल खुद से करने के बाद भी आपको यह समझ न आए कि आपको क्या करना है। यदि ऐसा हो, तो चिंता न करें। मैं अपनी समझ के हिसाब से कुछ चीजें, आपके अपने लिए और कुछ आपके करियर

के लिए, यहाँ लिख रही हूं, जिनमें से आप अपने लिए चुन सकते हैं:

ऐसे कार्यों को काटते हुए आगे बढ़ें जो आपको बिल्कुल भी आनंद नहीं देते। यहां भी 80/20 का नियम लागू होगा। अंत में, आप अपनी पसंद के कई कार्य खोज निकालेंगे।

यह अपनी रुचियों को पहचानने और उन पर ध्यान केंद्रित करने का एक सरल और प्रभावी तरीका है। सबसे पहले, उन सभी कार्यों या गतिविधियों की एक सूची बनाएं जो आप करते हैं—चाहे वो काम से जुड़े हों, आपके खाली समय के हों, या आपकी दिनचर्या के हिस्से हों। फिर प्रत्येक कार्य का मूल्यांकन करें और सोचें कि क्या वह आपको वास्तव में उत्साहित करता है या वह केवल बोझ लगता है। जो कार्य आपको उबाऊ या निरर्थक लगें, उन्हें सूची से काट दें।

80/20 का नियम (जिसे परेटो सिद्धांत भी कहते हैं) यह कहता है कि आपकी खुशी और संतुष्टि का 80% हिस्सा केवल 20% गतिविधियों से आता है। उन कार्यों को हटाकर जो आपको पसंद नहीं हैं, आप स्वाभाविक रूप से उन कुछ महत्वपूर्ण गतिविधियों तक सीमित हो जाएंगे जो आपको वास्तविक आनंद और संतोष देती हैं।

इस प्रक्रिया के दौरान, आप उन कार्यों को पहचान पाएंगे जो आपको ऊर्जा और प्रेरणा देते हैं। साथ ही, आप उन्हें अधिक समय और ध्यान देने का अवसर भी पाएंगे। यह विधि आपको अपने जीवन को अर्थपूर्ण और उद्देश्यपूर्ण बनाने में मदद करती है।

आपके करने योग्य गतिविधियां-

1. स्वास्थ्य और तंदुरुस्ती

- **योग और ध्यान:** रोज़ाना योग करें या ध्यान लगाएं, आपके शरीर में लचीलापन/ फ्लेक्सिबिलिटी बढ़े और तनाव कम हो।

- **तेज चलें या सैर करें:** पार्कों या नेचुरल रास्तों पर सैर करें।

- **स्विमिंग या एरोबिक्स:** जोड़ों के लिए आसान और ताकत बढ़ाने वाले व्यायाम करें।

- **डांस क्लास में शामिल हों:** जुम्बा, क्लासिकल या बॉलरूम डांस सीखें।

- **शारीरिक व्यायाम (वेट ट्रेनिंग):** हल्के वज़न उठाने या बॉडी वेट एक्सरसाइज़ से मांसपेशियों को मजबूत करें।

- **पोषण आधारित खाना बनाना सीखें:** सेहतमंद और संतुलित भोजन की नई रेसिपी सीखें।

2. सीखना और विकास

- **ऑनलाइन कोर्स करें:** कोर्सेरा (Coursera) या उडेमी (Udemy) जैसी वेबसाइट्स पर नई स्किल्स सीखकर अपने ज्ञान और कौशल को बढ़ाएं।

- **संगीत वाद्ययंत्र (Instruments) सीखें:** पियानो, गिटार, या बांसुरी बजाने का अपना सपना पूरा करें।

- **बागवानी (Gardening) करें:** फल-फूल, सब्ज़ियां या जड़ी-बूटियां उगाएं।

- **नई भाषा सीखें:** एक नई भाषा सीखकर अपने ज्ञान को बढ़ाएं।

- **रचनात्मक लेखन (Creative Writing):** डायरी लिखें, शॉर्ट स्टोरी, कविता या अपनी आत्मकथा लिखें।

- **पुस्तक क्लब में शामिल हों:** नई किताबें पढ़ें और विचार साझा करें। यह काम आप अपने दोस्तों के ग्रुप में भी कर सकती हैं। अपने ग्रुप में तय करें कि दो-तीन अच्छी किताबें चुनी जाएं। दो लोग एक ही किताब पढ़ सकते हैं। उदाहरण के लिए, यदि आपके ग्रुप में 6 लोग हैं, तो आप 3 किताबें चुन सकते हैं, और हर किताब को दो लोग पढ़ सकते हैं। ध्यान दें कि किताबें अलग-अलग समय पर पढ़ी जानी चाहिए ताकि हर व्यक्ति अपनी समझ और दृष्टिकोण के साथ किताब को पढ़ सके। सप्ताह में एक बार मिलें और उन किताबों पर चर्चा करें। आप देखेंगे कि एक ही किताब पर भी अलग-अलग लोगों के विचार अलग हो सकते हैं, क्योंकि हर व्यक्ति के सोचने और समझने का तरीका अलग होता है। यह न केवल किताब को गहराई से समझने का अवसर देगा, बल्कि आपको अलग-अलग दृष्टिकोणों से सीखने का भी मौका मिलेगा। इस अभ्यास से न केवल पढ़ने की आदत मजबूत होगी, बल्कि संवाद, विचार-विमर्श और विश्लेषण की क्षमता भी विकसित होगी।

3. रचनात्मकता और शौक

- **पेंटिंग या ड्रॉइंग करें:** वॉटरकलर, स्केचिंग या ऐक्रेलिक पेंटिंग करें।

- **पॉटरी या मिट्टी के मॉडल बनाएं:** अपनी रचनात्मकता को नया रूप दें।

- **बुनाई या क्रोशिया करें:** स्कार्फ, स्वेटर या कंबल बनाएं।

- **फोटोग्राफी करें:** नेचर, परिवार या स्थिर जीवन में हो रही ख़ास गतिविधियों की तस्वीरें लें।

- **खाना पकाना और बेकिंग:** नई रेसिपी आज़माएं और मज़ा लें।

- **कैलीग्राफी या हैंड लेटरिंग:** सुंदर लेखन कला में माहिर बनें।

4. सामाजिक और सामुदायिक भागीदारी

- **स्वयंसेवा करें:** शिक्षा, पर्यावरण संरक्षण या वृद्धजनों की देखभाल के काम करें।

- **दूसरों को सिखाएं:** अपने कौशल को साझा करें और लोगों को मार्गदर्शन दें।

- **समूह के साथ यात्रा करें:** महिलाओं के यात्रा समूह के साथ नई जगहें घूमें।

- **सामुदायिक कार्यक्रम आयोजित करें:** मिलन समारोह, कार्यशालाएं या सांस्कृतिक कार्यक्रम करें।

5. व्यक्तिगत संतोष

- **आध्यात्मिकता (Spirituality) को अपनाएं:** ध्यान, साधना या रिट्रीट में भाग लें।

- **अकेले यात्रा करें (Solo Trip):** अपनी पसंद की जगह पर अकेले जाकर खुद को खोजें।

- **घर को व्यवस्थित करें:** अनावश्यक चीज़ों को हटाएं और सुकून का माहौल बनाएं।

- **छोटा व्यवसाय शुरू करें:** हस्तशिल्प (Handicraft), होम बेकिंग या कंसल्टेंसी का काम शुरू करें।

- **मेंटॉरशिप करें:** युवाओं को करियर, संबंध, या जीवन कौशल में मदद करें।

- **अपनी यात्रा को दस्तावेज़ करें:** जीवन के खास पलों को फोटो एलबम या वीडियो में कैद करें।

6. मज़ा और मनोरंजन

- **इंडोर खेल खेलें:** ब्रिज, शतरंज, या पहेलियां हल करें।

- **मूवी नाइट्स करें:** नई या क्लासिक फिल्में देखें।

- **स्थानीय बाजारों का दौरा करें:** फ्लिया मार्केट, कला मेलों या हस्तशिल्प बाज़ार जाएं।

- **एडवेंचर गतिविधियां करें:** ज़िप-लाइनिंग, पैराग्लाइडिंग या हॉट-एयर बलून राइड लें।

- **थीम नाइट्स आयोजित करें:** किसी विशेष व्यंजन या सांस्कृतिक थीम पर डिनर प्लान करें।

5. वित्त और करियर

- **वित्तीय योजना बनाएं:** निवेश और सेवानिवृत्ति (Retirement) की योजना बनाएं।

- **कंसल्टेंसी शुरू करें:** अपने क्षेत्र की विशेषज्ञता साझा करें।

- **ब्लॉग या व्लॉग शुरू करें:** अपने शौक, यात्रा, या स्वास्थ्य यात्रा को ऑनलाइन व्लॉगिंग के माध्यम से साझा करें।

- **तकनीकी कौशल सीखें:** सोशल मीडिया, एडिटिंग सॉफ़्टवेयर या कोडिंग सीखें।

- **फ्रीलांसिंग करें:** लेखन, पढ़ाने या रचनात्मक परियोजनाओं में शामिल हों।

6. आत्म-देखभाल (Self-Care)

- **स्पा दिवस मनाएं:** स्पा ट्रीटमेंट लें या स्किनकेयर करें।

- **अरोमाथेरेपी का आनंद लें:** रिलैक्सेशन और एनर्जी के लिए आवश्यक तेलों का उपयोग करें।

- **अपने लिए तोहफे खरीदें:** कभी-कभी अपनी खुशी के लिए शॉपिंग करें।

- **वार्डरोब अपग्रेड करें:** नए स्टाइल्स और रंगों के साथ अपने वार्डरोब में प्रयोग करें।

- **अकेले कॉफी डेट पर जाएं:** अपनी पसंदीदा किताब या ड्रिंक के साथ समय बिताएं।

7. अपनों से जुड़ाव

- **पारिवारिक पुनर्मिलन की योजना बनाएं:** कभी-कभी अपने परिवार के दूर के सदस्यों के साथ मिलने का प्लान बनाएं।

- **दादा-दादी के साथ समय बिताएं:** समय निकालकर अपने बड़ों के साथ कुछ वक़्त बिताएं।

- **पत्र लिखें:** अपने प्रियजनों या पुराने दोस्तों को दिल से लिखें।

- **पारिवारिक रेसिपी साझा करें:** आपके परिवार में वर्षों से चली आ रहीं रेसिपियों को सहेजें और बनाएं।

8. **बकेट लिस्ट एडवेंचर**

- **ऐतिहासिक स्थलों की यात्रा करें:** धरोहर स्थलों को देखने जाएं।

- **एडवेंचर ट्रैवल करें:** सफारी, ट्रेकिंग, या कैंपिंग करें।

- **अनोखा कौशल सीखें:** तीरंदाजी, मार्शल आर्ट्स या कैलीग्राफी जैसे कौशल सीखें।

- **उपलब्धियों का जश्न मनाएं:** जब भी आप अपना कोई टारगेट पूरा करें तो उसका जश्न मनाएं।

यह सूची आपको प्रेरित करेगी ताकि आप अपने जीवन में नए अनुभव जोड़ें, अपनी रुचियों को फिर से खोजें और अपने सपनों को पूरा करने की दिशा में कदम उठाएं।

कैरियर संबंधी सूची

1. **शिक्षा और शिक्षण (Education & Teaching)**

- **होम ट्यूटर:** बच्चों या युवाओं को उनके सब्जेक्ट के आधार पर पढ़ाई में मदद करें।

- **ऑनलाइन ट्यूटर:** वर्चुअल प्लेटफॉर्म जैसे Byju's, Vedantu या Zoom पर पढ़ाएं।

- **भाषा सिखाना:** अंग्रेज़ी, हिंदी, या किसी अन्य भाषा का ज्ञान साझा करें।

- **पढ़ने-लिखने की क्लास (Adult Literacy Program):** एडल्ट्स को पढ़ने के लिए प्रेरित करें।

- **स्पेशल एजुकेटर:** विशेष आवश्यकता वाले बच्चों के साथ काम करें।

2. **कला और रचनात्मकता (Arts & Creativity)**

- **ग्राफिक डिजाइनर:** Canva या अन्य टूल्स से डिजाइनिंग का काम सीखें।

- **फ्रीलांस कंटेंट राइटर:** लेख, ब्लॉग, या सोशल मीडिया पोस्ट लिखें।

- **कला और शिल्प (Arts & Crafts):** हस्तशिल्प, DIY प्रोडक्ट्स, या गिफ्ट्स बनाएं।

- **फोटोग्राफी:** पारिवारिक इवेंट्स, पोर्ट्रेट्स, या प्रोडक्ट्स की तस्वीरें लें।

- **पेंटिंग और इलस्ट्रेशन:** अपनी कला को प्रदर्शित करें या बेचें।

3. **फ्रीलांस और कंसल्टेंसी (Freelance & Consultancy)**

- **कंसल्टेंसी सेवाएं:** अपने करियर या फील्ड की विशेषज्ञता साझा करें।

- **HR कंसल्टेंट:** छोटे व्यवसायों के लिए हायरिंग प्रक्रिया को आसान बनाएं।

- **फाइनेंशियल एडवाइजर:** महिलाओं या परिवारों के लिए बजट और निवेश सलाह दें।

- **डिजिटल मार्केटिंग:** सोशल मीडिया और ऑनलाइन विज्ञापनों का काम संभालें।

4. **स्वास्थ्य और वेलनेस (Health & Wellness)**

- **योगा या फिटनेस ट्रेनर:** योगा सिखाएं या लाइट फिटनेस प्रोग्राम बनाएं।

- **आहार विशेषज्ञ (Nutritionist):** पोषण और हेल्दी ईटिंग पर सलाह दें।

- **होलिस्टिक हीलर:** अरोमाथेरेपी, आयुर्वेदिक उपचार, या रेकी जैसे विकल्पों के बारे में प्रचार करें।

- **मेंटल हेल्थ कोच:** तनाव प्रबंधन और मोटिवेशनल सपोर्ट में मदद करें।

5. **उद्यमिता और छोटे व्यवसाय (Entrepreneurship & Small Business)**

- **होम बेकरी:** केक, कुकीज, या स्नैक्स बनाएं और बेचें।

- **कपड़ों का व्यवसाय:** एथनिक वियर, कढ़ाई, या फैशन एक्सेसरीज़ बनाएं।

- **ऑनलाइन स्टोर:** हस्तशिल्प, गिफ्ट आइटम्स, या घर के बने प्रोडक्ट्स बेचें।

- **इवेंट प्लानिंग:** छोटे इवेंट्स, बर्थडे, या शादियों की प्लानिंग करें।

- **कैफे या टी स्टॉल:** एक छोटी कैफेटेरिया या चाय का स्टॉल खोलें।

6. **डिजिटल करियर (Digital Careers)**

- **ब्लॉगिंग:** यात्रा, खाना, या व्यक्तिगत कहानियों पर ब्लॉग शुरू करें।

- **यूट्यूब चैनल:** खाना पकाने, DIY टिप्स, या लाइफस्टाइल पर वीडियो बनाएं।

- **डिजिटल कंटेंट क्रिएटर:** ब्रांड्स के लिए कंटेंट बनाएं।

- **सोशल मीडिया मैनेजर:** छोटे व्यवसायों के सोशल मीडिया अकाउंट संभालें।

- **ईबुक लेखक:** किसी विशेष विषय पर ई बुक लिखें और बेचें।

7. **सेवा आधारित व्यवसाय (Service-Based Careers)**

- **ब्यूटी और स्किनकेयर (Beauty & Skincare Services):** छोटे स्तर पर सैलून सेवाएं दें।

- **केटरिंग:** विशेष अवसरों के लिए घर से खाना बनाकर सप्लाई करें।

- **घरेलू सेवाएं:** घरेलू व्यवस्थापक के रूप में काम करें।

- **केयरगिवर:** वृद्धजनों या विशेष ज़रूरत वाले व्यक्तियों की देखभाल करें।

8. **शैक्षणिक और सांस्कृतिक गतिविधियां (Academic & Cultural Activities)**

- **बच्चों के लिए वर्कशॉप:** कला, विज्ञान, या कहानी कहने की कार्यशालाएं।

- **कहानी सुनाने वाला (Storytelling):** बच्चों को कहानियां सुनाएं।

- **सांस्कृतिक कार्यक्रम:** नृत्य, संगीत, या नाटक का आयोजन करें।

9. वित्तीय और प्रबंधन (Finance & Management)

- **बुककीपर या अकाउंटेंट:** छोटे व्यवसायों के लिए अकाउंटिंग करें।

- **इंश्योरेंस एजेंट:** बीमा योजनाओं को समझाएं और बेचें।

- **प्रोजेक्ट मैनेजमेंट:** छोटे प्रोजेक्ट्स को मैनेज करें।

10. सामाजिक योगदान (Social Contribution Careers)

- **एनजीओ से जुड़ें:** सामाजिक सुधार, शिक्षा, या पर्यावरण के क्षेत्र में काम करें।

- **काउंसलर:** महिलाओं, बच्चों, या दंपतियों को सलाह दें।

- **पर्यावरण संरक्षण:** पौधे लगाएं, सफाई अभियान करें, या जागरूकता फैलाएं।

- **पुनर्वास कार्य:** नशामुक्ति या महिलाओं की सुरक्षा के लिए कार्य करें।

11. यात्रा और गाइड सेवाएं (Travel & Guide Services)

- **ट्रैवल गाइड:** अपनी लोकल भाषा और संस्कृति की जानकारी का उपयोग करें।

- **होमस्टे संचालन:** यात्रियों के लिए घर में रहने की सुविधा प्रदान करें।

- **एडवेंचर ट्रैवल प्लानर:** साहसिक यात्राओं की योजना बनाएं।

12. तकनीकी कौशल आधारित करियर (Tech-Based Careers)

- **डाटा एंट्री:** छोटे व्यवसायों के लिए डेटा प्रबंधन करें।

- **ग्राफिक डिजाइनिंग:** पोस्टर, ब्रोशर, या वेबसाइट डिजाइन करें।

- **वेबसाइट डेवलपमेंट:** छोटे व्यवसायों के लिए वेबसाइट बनाएं।
- **ई-कॉमर्स स्टोर मैनेजर:** ऑनलाइन स्टोर संचालन करें।

यह सुझाव उन महिलाओं के लिए है, जो अपने अनुभव और रुचि को नए अवसरों में बदलना चाहती हैं। इनमें से कई करियर विकल्प घर से भी किए जा सकते हैं, जिससे समय में फ्लेक्सिबिलिटी और संतुलन बना रहता है।

अपनी खुशियों को खोजें

खुशी एक ऐसी चीज़ है जिसे हम अक्सर बाहरी चीजों में तलाशते हैं, लेकिन असल में यह हमारे भीतर होती है। इसे पाने के लिए हमें खुद को बेहतर समझने की ज़रूरत है। अपने शौक, रुचियां और सपनों को पहचानें और उन्हें जीने का साहस करें। छोटी-छोटी चीज़ों में आनंद ढूंढें—जैसे कि सुबह की ताज़गी, अपनों के साथ बिताए पल, या खुद के लिए किए गए छोटे-छोटे काम।

खुशी बाहरी उपलब्धियों से नहीं, बल्कि उस संतोष से आती है जो हमें अपनी जिंदगी को पूरी सच्चाई और ईमानदारी से जीने में मिलती है। इसलिए, अपनी खुशी को खोजें, उसे अपनाएं और हर दिन उसे जीएं।

प्रेरणा और सकारात्मक सोच

प्रेरणा और सकारात्मक सोच हमारी जिंदगी का सबसे बड़ा सहारा हो सकते हैं। जब हम अपनी सोच को पॉजिटिव रखते हैं, तो कठिन से कठिन परिस्थितियां भी आसान लगने लगती हैं। जिंदगी में उतार-चढ़ाव आते रहते हैं, लेकिन अगर हम खुद को प्रेरित और सकारात्मक रखें, तो रास्ते अपने आप निकल आते हैं।

पॉज़िटिव सोच का मतलब यह नहीं कि हमें कभी परेशानी नहीं होगी, बल्कि इसका मतलब है कि हम हर मुश्किल का सामना करने के लिए तैयार रहते हैं। हमेशा अपने दिल में विश्वास बनाए रखें कि आप जो भी सपना देख रहे हैं, उसे पूरा करने की ताकत आप में है। जितनी बार गिरो, उतनी बार उठो और चलते रहो, क्योंकि आपकी मंज़िल का रास्ता आपकी सोच से ही तय होता है।

स्मृति ईरानी जी को हम सभी ने स्टार प्लस पर प्रसारित होने वाले लोकप्रिय धारावाहिक "क्योंकि सास भी कभी बहू थी" में तुलसी के रूप में देखा है। उस समय हर किसी को इस धारावाहिक के प्रसारण का बेसब्री से इंतजार रहता था। जब यह शुक्रवार को खत्म होता था, तो शनिवार और रविवार खाली-खाली से लगते थे। तुलसी की जो छवि हमने उस दौर में देखी थी, वह आज पूरी तरह बदल चुकी है। स्मृति जी ने अपने जीवन को न केवल अपग्रेड किया, बल्कि नई ऊंचाइयों को छुआ और राजनीति में अपनी एक अलग पहचान बनाई। यहाँ समझने की बात यह है कि तुलसी, जो उस किरदार के मुताबिक एक संस्कारी बहू हुआ करती थी, वह उस समय की माँग और आवश्यकता थी। लेकिन आज जिस मुकाम पर वह हैं, वह आज के युग की जरूरत को दर्शाता है। समय के साथ हमारी इच्छाएँ, जरूरतें और प्राथमिकताएँ बदलती रहती हैं। इन बदलावों को स्वीकार करना और उनके साथ खुद को ढालना ही आगे बढ़ने का नाम है।

स्मृति जी ने यह साबित किया है कि आत्मविश्वास और कड़ी मेहनत के बल पर आप किसी भी क्षेत्र में सफलता हासिल कर सकते हैं। राजनीति जैसे चुनौतीपूर्ण और कठिन क्षेत्र में उन्होंने न केवल अपनी जगह बनाई, बल्कि लाखों महिलाओं के लिए प्रेरणा भी बनीं।

उनकी सबसे बड़ी ताकत है उनका आत्मविश्वास। उनके अंदर का जुनून और हौसला न केवल महिलाओं को, बल्कि पुरुषों को भी प्रभावित करता है। उनकी बोलने की शैली, समस्याओं पर विचार करने का तरीका, और हर चुनौती का डटकर सामना करने की क्षमता हर किसी को प्रेरित करती है।

स्मृति जी ने यह भी सिखाया है कि सफलता का सफर कभी आसान नहीं होता। इसके लिए आपको संघर्ष, धैर्य, और कड़ी मेहनत करनी पड़ती है। उनके जीवन से हमें यह सीखने को मिलता है कि चाहे जीवन में कितनी भी कठिनाइयां क्यों न आएं, अगर आप अपने लक्ष्य के प्रति प्रतिबद्ध हैं, तो कोई भी बाधा आपको रोक नहीं सकती।

स्मृति जी का जीवन यह भी दिखाता है कि बदलाव ही विकास की कुंजी है।

➢ वह महिलाओं को यह संदेश देती हैं कि अपने आप को सीमाओं में न बांधें।

➢ जीवन में कभी भी सीखना बंद न करें।

➢ हर परिस्थिति में आगे बढ़ने की हिम्मत रखें।

उन्होंने यह भी साबित किया है कि एक महिला किसी भी भूमिका में हो, वह उसे पूरी निपुणता और समर्पण के साथ निभा सकती है। घर की तुलसी से लेकर राजनीति की एक मजबूत आवाज तक का उनका सफर इस बात का प्रमाण है।

"अपने आप पर विश्वास करें, खुद को हर दिन बेहतर बनाएं, और याद रखें कि कोई भी सपना असंभव नहीं होता, अगर आप उसे पूरे दिल से पाने की ठान लें।" – स्मृति ईरानी जी का यह संदेश हर महिला को अपने जीवन में अपनाना चाहिए।

अपने *"क्यों"* को ढूंढे

जिंदगी की सफलता और असफलता के पड़ाव या फिर जिंदगी के उतार और चढ़ाव -

हम सभी की ज़िंदगी में खुशियां और गम, उतार-चढ़ाव, सफलता और असफलता आते-जाते रहते हैं। यह सब ज़िंदगी का हिस्सा है।

इस गतिविधि/एक्टिविटी का उद्देश्य आपको आपकी ताकत याद दिलाना है—वो ताकत, जिसके दम पर आपने कई कठिनाइयों के बावजूद बड़े-बड़े काम पूरे किए। लेकिन शायद असफलताओं की धूल ने इन सफलताओं को ढक दिया है, और आप इन्हें भूल गए हैं।

कई बार हम खुद को थका हुआ और कमजोर महसूस करते हैं। ऐसा लगता है कि कैसे इस कठिन समय से निकलेंगे या कोई मुश्किल काम पूरा कर पाएंगे। ये नकारात्मक सोच हम पर हावी हो जाती है, और हम अपनी वैल्यू तक भूल जाते हैं।

यहां मैं आपको कुछ शब्द दे रही हूं। इनमें से जो भी आपको लगता है कि आपके लिए सबसे खास है, उसे चुन लीजिए। यह आपको याद दिलाएगा कि आपकी ताकत और मूल्य क्या हैं।

1. Love - प्रेम
2. Kindness - दया
3. Courage - साहस
4. Peace - शांति
5. Honesty - ईमानदारी
6. Gratitude - कृतज्ञता
7. Compassion - करुणा
8. Wisdom - ज्ञान
9. Happiness - खुशहाली
10. Trust - विश्वास
11. Discipline - अनुशासन
12. Punctuality - समयबद्धता
13. Patience - धैर्य
14. Friendship - मित्रता

15. Integrity - निष्ठा

16. Hope - आशा

17. Respect - सम्मान

18. Health - स्वास्थ्य

19. Faith - विश्वास

20. Simplicity - सादगी

21. Freedom - स्वतंत्रता

22. Self-respect - आत्मसम्मान

23. Generosity - उदारता

24. Balance - संतुलन

25. Success - सफलता

यह सूची व्यक्तिगत, सामाजिक और पेशेवर मूल्यों का संतुलन है, जो इस गतिविधि के लिए उपयुक्त है। आपको सिर्फ दो ही शब्दों का चुनाव करना है!

"सिद्धांतों" का उपयोग मूल्यों के रूप में करना सही है, खासकर जब नैतिकता, आचरण, या जीवन के नियमों की बात हो। यह शब्द उन गुणों और विचारों को गहराई और महत्व देता है जो किसी के जीवन को सही दिशा में ले जाते हैं।

उदाहरण:

➢ सत्य (Truth) और ईमानदारी (Honesty) जैसे सिद्धांत।

➢ साहस (Courage) और करुणा (Compassion) जीवन के दो महत्वपूर्ण सिद्धांत हो सकते हैं।

सिद्धांतों पर आधारित गतिविधि का प्रारूप

1. आपके लिए सबसे महत्वपूर्ण दो सिद्धांत कौन-से हैं? ऊपर से चुने हुए दोनों सिद्धांतों को यहां लिखिए:

- **सिद्धांत 1:** ___________________________________

  ____

- **सिद्धांत 2:** ___________________________________

  ____

2. प्रत्येक सिद्धांत को जीने के लिए आप क्या कदम उठाते हैं? यानी आपके कार्य के किस व्यवहार में यह सिद्धांत झलकते हैं?

सिद्धांत 1 के लिए:

1. ___________________________________

2. ___________________________________

सिद्धांत 2 के लिए:

1. ___________________________________

2. ___________________________________

3. ऐसा कौन-सा समय था जब आपने इन सिद्धांतों को पूरी तरह अपनाया? क्या ऐसा कोई क्षण था जब परिस्थितियां कठिन थीं, लेकिन फिर भी आपने अपने सिद्धांतों पर डटे रहना चुना?

सिद्धांत 1 का उदाहरण: ___________________________

____

सिद्धांत 2 का उदाहरण: ___________________________

____

4. जब आप इन सिद्धांतों को अपनाते हैं, तो आपको कैसा महसूस होता है? आप अपनी भावनाएं जैसे संतुष्टि, खुशी, गर्व आदि शब्दों में व्यक्त कर सकते हैं।

सिद्धांत 1: _______________________________________

____

सिद्धांत 2: _______________________________________

____

5. ऐसा कौन है जो आपके सिद्धांतों का सम्मान करता है और उन्हें अपनाने में आपका साथ देता है?

उस व्यक्ति का नाम: _______________________________

यह गतिविधि आपको अपने जीवन के सबसे महत्वपूर्ण मूल्यों/ सिद्धांतों के साथ जुड़ने और उनका पालन करने के तरीके पर विचार करने में मदद करेगी।

कोई भी व्यक्ति हमेशा सफल नहीं हो सकता, और न ही हमेशा असफल रह सकता है।

सफलता और असफलता जीवन का हिस्सा हैं, जो समय-समय पर आती-जाती रहती हैं।

सफल पल

मैं काफी सालों से बिजनेस कोचिंग इंडिया का कोर्स करना चाहती थी! लेकिन दो कारणों से यह संभव नहीं हो पा रहा था—पहला, यह कोर्स काफी महंगा था, और दूसरा, यह दिल्ली में होता था। कोर्स की अवधि 9 महीने थी, जिसमें हर हफ्ते एक क्लास अटेंड करनी होती, यानी कुल

36 हफ्ते और वह भी दिल्ली जाकर!!! मेरे लिए दुर्गापुर से कोलकाता, फिर दिल्ली की फ्लाइट पकड़ना और वापस आना बहुत मुश्किल था, इसमें हफ्ते के 3 दिन लगते जो कि असंभव था और उस वक्त दुर्गापुर से फ्लाइट जाती भी नहीं थी। फिर, कोविड-19 के दौरान अचानक एक दिन मुझे एक ईमेल मिला। जिसमें इस कोर्स के ऑनलाइन होने की सूचना थी क्योंकि उस समय ट्रैवल पर काफी सारे रिस्ट्रिक्शंस/बंधन लगे हुए थे, इसको ध्यान में रखकर कोर्स को ऑनलाइन संचालित किया जा रहा था यह देखकर मैं खुशी से झूम उठी!!

घर के कई सदस्यों ने कहा कि वे भी मेरे साथ यह कोर्स करेंगे। मैंने सोचा, जब सब करेंगे तो खर्च भी कम पड़ेगा इसीलिए हमनें शुरू किया। लेकिन दो क्लास के बाद सभी एक-एक करके गायब हो गए और मैं अकेले ही इसे पूरा करने में जुट गई। इस कोर्स को सफलतापूर्वक पूरा करना मेरे लिए एक बड़ी उपलब्धि साबित हुआ। इसने न केवल मेरी सोच को बदला, बल्कि व्यापार में एक नया दृष्टिकोण और नई दिशा भी दी। अगर मैं किसी भी कारण से इसे नहीं करती तो आज जो हमारी सोच बदली तथा काम करने के तरीके बदले वह जैसे चल रहे थे वैसे ही चलते। इसमें मेरे पति राकेश का मुझ पर यकीन करना ही मेरा बहुत बड़ा सहारा बना, उनके सहयोग से ही मैं यह कोर्स सफलतापूर्वक कर पाई।

शुरू में मुझे लगा था कि मुझे टेक्नोलॉजी का कुछ भी नहीं आता मन में डर था कि शायद ना कर पाऊं। पर कई बार हम अपने ऊपर यकीन नहीं करते और अपनी काबिलियत को कम आँकते हैं!

कोर्स की आखिरी क्लास दिल्ली में थी, जहां मैं गई और सर्टिफिकेट प्राप्त किया। वह क्षण मेरे जीवन का अविस्मरणीय पल था। कुछ पल

जीवन में ऐसे होते हैं, जो हमेशा के लिए दिल में बस जाते हैं और याद करने पर दिल को खुशी से भर देते हैं।

आप अपने उस पल को याद करके लिखें जब आपने सफलता हासिल की थी और उस वक्त आपको कैसा महसूस हुआ था और किस-किस ने आपकी मदद की थी। इससे आपका मनोबल बढ़ेगा और आगे आप जिस भी लक्ष्य को हासिल करना चाहती हैं, वह आसान लगने लगेगा।

असफल पल

कई बार हम काफी मेहनत के बाद भी असफल होते हैं। कभी ऐसा भी होता है कि किसी एक गलती या प्रयास की कमी वजह से हमारा लक्ष्य पूरा नहीं हो पाता। हमारे अंदर का डर भी असफलता का बहुत बड़ा कारण है!

मैं अपने ही एक ऐसे डर के कारण एक्शन न लेने का उदाहरण देती हूं, जिसका अफसोस मुझे आज भी है।

1989 में, मैं अपने ग्रेजुएशन के बाद नाइजीरिया के एक शहर लागोस में गई थी, जहां मेरे मम्मी-पापा रहते थे। मेरे पास काफी समय था क्योंकि पढ़ाई पूरी हो चुकी थी। मेरे अंकल के बेटे (चंदर भैया) ने मुझसे कहा कि अभी तुम्हारे पास बहुत समय है, यहां पास ही कंप्यूटर कोर्स होता है, तुम्हें जॉइन करवा देता हूं। 3 महीने का है, फटाफट पूरा हो जाएगा। आगे कंप्यूटर का ही जमाना है। उन्होंने कहा, मैंने सुना और इतनी सी देर में दिमाग ने अश्व से भी तेज चलते हुए हजारों बहाने बना दिए कि उस कोर्स को न करूं। उन्होंने मुझे समझाने की काफी कोशिश की, आते-जाते जब भी मिलते, फिर पूछ लेते कि क्या सोचा तुमने? परंतु मैं जवाब ही नहीं देती और चुप रह जाती थी। मुझे अंग्रेजी

नहीं आती थी, थोड़ा-बहुत समझती थी, पर बोलना तो एक ख्वाब ही था। लगा कि जाऊंगी तो कुछ समझ ही नहीं पाऊंगी, तो कोर्स करूंगी कैसे? उल्टा सब हंसेगें। मैं उनकी बात को टालमटोल करती रही और वहां मैंने 8 महीने सिर्फ सोसाइटी में आते-जाते और फिल्में देखने में गुजार दिए। अगर मैंने भैया को सही में मेरे मन का डर बताया होता तो शायद उसका भी रास्ता निकल जाता और मैं अपने डर पर काबू पा लेती।

"नहीं होगा" और "सब हंसेगें" ये दोनों ही डर जब तक हमारे अंदर होंगे, हमें कभी सफलता नहीं मिल सकती। बाद में मैंने 2008 में थोड़ा-थोड़ा कंप्यूटर सीखा और 50 की उम्र में आकर तो मैंने टेक्नोलॉजी के कोर्स करके महारत हासिल कर ली। मैं अब भी उस समय को याद करती हूं और सोचती हूं कि काश...

लेकिन समय अपनी गति कभी नहीं छोड़ता और हम पीछे जाकर उन पलों को कभी दोबारा नहीं जी सकते। इसलिए, जब मौका मिले, अपनी सीखने की आदत को बनाए रखें और नए-नए सीखने के बहाने ढूंढिए, न कि "ना सीखने" के!

यहां तक पढ़ने के बाद, मैं आपसे यह गुजारिश करूंगी कि आप तीसरे अध्याय में जाने के पहले जितने भी सवाल मैंने आपसे पूछने को कहा है, और जो-जो मैंने आपसे लिखने को कहा है, वह सब जरुर पूरा करें ताकि आप आगे अपने "अब क्या करूं" को पहचान लें और "कैसे करूं" की ओर कदम बढ़ाएं।

इस अध्याय को पढ़ने के बाद आपके जीवन से जुड़े किसी अनुभव ने आपको प्रेरित किया हो, तो उसे यहाँ लिखें। इससे आप अपनी सोच को और गहराई से समझ पाएंगे।

➢ आपका सफल पल:

____

____

____

____

____

____

____

____

____

____

____

____

____

"अब?"

> आपका असफल पल:

> आपका असफल पल:

अध्याय 3

अपने "क्या" और "कैसे" से बाहर निकलें

पहला कदम उठाना

छोटे कदम हमेशा बड़ी सफलता की ओर ले जाते हैं।

शुरुआत ही सबसे बड़ी रुकावट बन जाती है और हमें सबसे कठिन लगती है। हम किसी नए काम को शुरू करने से पहले 10 और काम करने लगते हैं और अपने आप को 10 बहाने दे डालते हैं: "यह कर लूं, वह कर लूं, आज नहीं, कल से, शनिवार से, नया काम शुरू करुँगी।" फिर हम सोचते हैं, "अरे नहीं, इस डेट पर, उस डेट पर। कोई आने वाला है, तो उसके जाने के बाद।" और न जाने क्या-क्या।

इस शुरुआत की शुरुआत करें - मैंने एक किताब पढ़ी थी, *"Eat That Frog"* इसके लेखक हैं - ब्रायन ट्रेसी।

यह किताब आपको यह बताती है कि आप कैसे अपने काम को टालने की आदत से मुक्त हो सकते हैं। किसी भी काम को करने के लिए हमें तीन महत्वपूर्ण चीजों पर ध्यान देना चाहिए:

1. निर्णय

2. अनुशासन

3. दृढ़ निश्चय

सबसे पहले, अपने आप को इस बात के लिए तैयार करें कि जो मैंने सोचा है, क्या मैं सचमुच उसे करना चाहती हूं?

अपने निर्णय को निश्चित करें। जब आपको साफ-साफ यह पता होता है कि आपका लक्ष्य क्या है, तो आप उस काम को तेजी से करते हैं और हमेशा उत्साहित और प्रेरित रहते हैं। जब आपको यह मालूम होता है कि आपके लक्ष्य तक पहुंचने के लिए क्या कदम उठाने हैं, तो नोट कर ले। जब भी हम कुछ लिखते हैं, तो हम उस कार्य के लिए और भी ज्यादा प्रतिबद्ध हो जाते हैं!

पूरे अनुशासन के साथ एक डेडलाइन बनाएं, और काम की प्लानिंग शुरू करें। जब भी आप काम को बिना समय सीमा निर्धारित किए खुला छोड़ देते हैं, तो वह कभी पूरा नहीं होता। काम की समय सीमा निश्चित करें। काम को छोटे-छोटे टुकड़ों में बांटे और उन्हें स्टिकी नोट्स पर लिखकर अपने *"विज़न बोर्ड"* पर चिपकाएं, जहां आपकी नजर उस पर बार-बार पड़ती रहे। यदि आपको इसे करने के लिए किसी साधन की आवश्यकता है, तो पहले उसका प्रबंध कर लें ताकि बाद में उसकी वजह से काम बीच में न रुक जाए।

उदाहरण के तौर पर मान लीजिए कि आप कोई किताब लिखना चाहती हैं, तो उसके लिए आपको क्या-क्या चाहिए? आपको अपनी मेज और कुर्सी की जरूरत पड़ेगी। सुनिश्चित करें कि आपकी मेज बिल्कुल खाली और साफ सुथरी हो, वहां सिर्फ किताब लिखने के लिए जरूरत पड़ने वाली चीजों के अलावा कुछ भी ना हो। आपकी कुर्सी बिल्कुल आरामदायक होनी चाहिए। यदि आपको लंबे समय तक बैठने में दिक्कत होती है, तो आप अपने कमर या हाथों के लिए हीटिंग पैड भी इस्तेमाल कर सकती हैं। आपको एक डायरी और बहुत सारी रंगीन पेन

की जरूरत पड़ेगी। यह सब पहले से ही टेबल पर रख लें। हो सकता है आपको बुकमार्क, स्टिकी नोट्स चाहिए हों। एक टाइमर या घड़ी रखें, ताकि आपको समय का ध्यान रहे। साथ ही, एक शांत माहौल बनाएं, जहां इधर-उधर की बातें या आवाज़ आपका ध्यान न भटकाए। यदि आपको बीच में एक कप कॉफी पीना है, तो पहले से ही हाउस हेल्प को बोल दें कि आप कितनी देर बाद कॉफी पिएंगी।

जब आप पूरी तैयारी करके दृढ़ निश्चय के साथ काम की शुरुआत करती हैं, तो आपकी प्रोडक्टिविटी 10 गुना बढ़ जाती है। जब भी आप बीच में कुछ लाने के लिए उठती हैं, तो कहीं दूसरे किसी काम में आपका ध्यान भटक जाता है और आपको लगता है, "अरे, यह भी निपटाते हुए चलती हूं।" चाहे 5 मिनट के लिए भी हो एक काम से दूसरे काम में शिफ्ट होने से वापस ध्यान लगाने में कम से कम 20 मिनट लग जाते हैं। धारा प्रवाह काम हमेशा जल्दी और सटीक होता है। आपके मन में संतोष होना चाहिए कि आप खुद को लक्ष्य तक पहुंचाने के लिए सब कुछ कर रहे हैं।

यह एक उदाहरण था। इसी तरह, आप जो भी करना चाहते हैं, उसके मुताबिक अपने आप को तथा काम करने की जगह को तैयार करें। यह तैयारी आपको न केवल मानसिक रूप से मजबूत बनाएगी, बल्कि आपके हर काम में एक अनुशासित दृष्टिकोण भी जोड़ेगी। सफलता उसी को मिलती है जो तैयारी के साथ मैदान में उतरता है।

इसके साथ ही, एक बार आप काम शुरू कर दें, तो उसमें पूरी तरह से डूब जाएं। छोटी-छोटी सफलताओं का जश्न मनाएं, खुद को प्रेरित रखें, और यह जान लें कि यात्रा का हर कदम आपको आपके लक्ष्य के करीब लेकर जा रहा है।

Face the Fear - डर का सामना करें

डर क्या है?

डर एक भावनात्मक प्रतिक्रिया है, जो हमें किसी खतरे, असुरक्षा, या अनजान स्थिति का सामना करने पर महसूस होती है। यह एक स्वाभाविक प्रक्रिया है, जो हमारे मस्तिष्क का हमें होने वाले नुकसान से बचाने का तरीका है। डर के पीछे अक्सर दो प्रमुख कारण होते हैं:

➢ **अज्ञात परिणाम का भय:** जब हमें यह नहीं पता होता कि आगे क्या होगा, तो अनिश्चितता हमें डराती है।

उदाहरण: नई नौकरी में पहले दिन का डर, किसी नए माहौल में जाने का डर।

➢ **विफलता का भय:** जब हम किसी चीज़ में असफल होने या अपना लक्ष्य न पाने की आशंका से घिरे होते हैं।

उदाहरण: परीक्षा में फेल होने का डर, लोगों द्वारा नकारे जाने का डर।

डर की परिभाषा (सकारात्मक नजरिए से):

डर वह संकेत है जो हमें सावधान करता है और हमें यह सोचने पर मजबूर करता है कि हमें आगे क्या कदम उठाने चाहिए। यह हमारे अंदर साहस और आत्मविश्वास को जगाने का जरिया बन सकता है, अगर हम इसे सही दृष्टिकोण से देखें।

> *"डर केवल एक चुनौती है, जो हमें अपनी क्षमता का एहसास कराने के लिए आता है।"*

जब हम किसी काम को करने की सोचते हैं, तो सबसे पहले हमें यह डर लगता है कि हम सफल होंगे या नहीं। यही डर हमारी टालमटोल

करने की सबसे बड़ी वजह भी है। हमारे मन में कहीं न कहीं असफलता का डर घर कर जाता है, और हमारी काम टालने की आदत को और मजबूत बना देता है।

इसी उदाहरण को लें, जब मैंने इस किताब को लिखने की शुरुआत की, तो कितने ही "किंतु-परंतु" मुझे घेरे हुए थे। पता नहीं लोगों को पसंद आएगी या नहीं? कोई इसे पढ़ेगा या नहीं? किताब का विषय कैसा लगेगा? शायद सब हंसी भी उड़ाएं कि बड़ी आई किताब लिखने वाली!! कुछ आईडिया तो है नहीं!! और भी न जाने क्या-क्या..... लेकिन यह सारे मेरे अंदरूनी डर के किए गए सवाल थे। कई सालों से लिखने की मेरी इस इच्छा ने मुझे मेरे डर पर काबू पाना सिखाया और आज यह पुस्तक आपके हाथ में है। अगर इस किताब को आपने पूरा पढ़ लिया और आपके अंदर थोड़ा सा भी सकारात्मक बदलाव आया, तो मेरे लिए यही सफलता है।

जब मैं नौवीं कक्षा में थी, तब मैंने एक प्रतियोगिता में भाग लिया था। मुझे "दहेज प्रथा: एक अभिशाप" विषय पर खुद लिखना था और उसे 3 मिनट में मंच पर सबके सामने बोलना था। बचपन से ही मेरी एक इच्छा थी कि मैं दूरदर्शन पर हिंदी न्यूज रीडर बनूं, क्योंकि उस समय की न्यूज रीडर से मैं बहुत प्रभावित थी। मुझे लगा कि यह अच्छा मौका है। जब मैं मंच पर बोलूंगी, तो मेरा आत्मविश्वास बढ़ेगा और मैं एक दिन दूरदर्शन पर जरूर आऊंगी। वहां देख कर और बिना देखे बोलने के, दोनों ही विकल्प थे, पर मुझे लगा कि मैंने खुद ही लिखा है, तो मैं देख कर क्यों बोलूं?

आत्मविश्वास से भरी हुई, जब मैं स्टेज पर पहुंची और बोलना शुरू किया, तो वह पहला मौका था जब मैं माइक हाथ में लेकर स्टेज पर

परफॉर्म कर रही थी। घबराहट में, दो-तीन लाइनों के बाद मैं एक बार अटक गई और मुझे दूसरा स्थान मिला। एक बार के लिए मन में तकलीफ हुई कि अगर मैंने देखकर बोला होता, तो मुझे पहला स्थान मिल सकता था। लेकिन बाद में मैंने यह महसूस किया कि कम से कम पहली बार स्टेज पर बोलने का मौका मिला और मैंने अपने डर पर विजय पा ली थी। न्यूज़ रीडर बनने की इच्छा उस वक्त मन में ही रह गई क्योंकि हमारे समय ना तो गूगल था और ना ही CHAT GPT, तो यह पता ही नहीं था कि न्यूज़ रीडर बनने के लिए कहां जाना है, किससे बात करनी है और कैसे वहां तक पहुंच जाएं। अब तो हमारे पास ऐसे कई संसाधन हैं जिससे हम सब कुछ आसानी से घर बैठे पता लगा सकते हैं। ऐसे ही मेरे एक डर का उदाहरण मैंने अध्याय 2 के असफल पल में दिया है।

अब आपको यह देखना है कि कोई भी कार्य करने में वह कौन सी चीज़ है जो आपको सबसे ज्यादा रोकती है। सबसे बड़ी रुकावट को खोजें और उसे सबसे पहले सुलझाएं।

अगर उस काम को करने में आपको कोई रुकावट लग रही है, तो मेरा आपसे यह सवाल है: आपको इस काम को करने से कौन रोक रहा है? क्या चीज़ आपको आगे बढ़ने से रोक रही है?

और मेरी बात पर यकीन कीजिए, ज्यादातर लोगों के जवाब होते हैं: "मैं खुद।" हां, हम खुद ही खुद को रोकते हैं, और कोई नहीं।

अगर आपका दिमाग भी यही जवाब दे रहा है, तो बहुत बढ़िया।

आपका दिमाग क्यों रोक रहा है? शायद असफलता का डर हो सकता है, या फिर कोई आपको जज करेगा, यह भी हो सकता है। "लोग क्या कहेंगे?" यह भी एक डर हो सकता है। रिस्क लेने का डर हो सकता

है। कोई भी डर हो सकता है, उसे पहचानिए और सबसे पहले उसे ही सुलझाइए।

आप तुरंत उस रुकावट से निकलकर आगे बढ़ जाएंगे, आपको पता भी नहीं चलेगा।

अगर इस अध्याय से जुड़ी कोई बात आपकी वर्तमान स्थिति से मेल खाती है, तो उसे लिखें। साथ ही, आप उन चुनौतियों का समाधान कैसे निकालेंगे, यह भी लिखें।

डर को अवसर के रूप में देखना एक बेहद सशक्त सोच है। इसे समझने के कुछ महत्वपूर्ण तरीके हैं:

1. **डर आपको विकास के क्षेत्र दिखाता है:** डर अक्सर यह संकेत देता है कि आप कहाँ सीख सकते हैं और खुद को बेहतर बना सकते हैं। इसका सामना करके आप न केवल मजबूत बनते हैं, बल्कि खुद को बेहतर समझते हैं।

2. **डर एक शिक्षक है:** डर के पीछे अक्सर कोई न कोई सीख छिपी होती है। जैसे, सार्वजनिक रूप से बोलने का डर आपको तैयारी, आत्मविश्वास और संवाद कौशल का महत्व सिखा सकता है।

3. **चुनौती बनाम खतरा:** डर को खतरे की जगह चुनौती के रूप में देखें। चुनौतियां हमें कार्रवाई, रचनात्मकता, और समस्याओं के समाधान के लिए प्रेरित करती हैं।

4. **साहस का निर्माण:** जब भी आप डर का सामना करते हैं, आप अपनी सीमाओं को बढ़ाते हैं। साहस का मतलब डर की गैर-मौजूदगी नहीं है, बल्कि डर के बावजूद आगे बढ़ने का निर्णय लेना है।

5. **डर बदलाव लाता है:** डर आपको अपने जीवन को पुनः आंकने, अनुकूलन करने और आगे बढ़ने के लिए प्रेरित कर सकता है। यह आपको ठहराव से बाहर निकालकर बदलाव की ओर ले जाता है।

डर को अवसर के रूप में देखना, उसे हराने का पहला कदम है।

चलो इसे एक छोटी सी कहानी से भी हम समझ सकते हैं, कहानी का शीर्षक है-

एक छोटे पक्षी की उड़ान

एक घने जंगल में एक छोटा पक्षी रहता था। उसने कभी उड़ने की कोशिश नहीं की थी क्योंकि उसे ऊंचाई से गिरने का डर था। वह सोचता था, "अगर मैं उड़ने की कोशिश करूंगा और गिर जाऊंगा, तो क्या होगा? मैं तो मर ही जाऊंगा।" इसलिए वह दिन-रात अपनी डाल पर बैठा रहता, दूसरे पक्षियों को उड़ते हुए देखता और सोचता कि उड़ना उसके बस की बात नहीं।

एक दिन जंगल में तेज़ आंधी आई। उस डाल को, जिस पर वह पक्षी बैठा था, आंधी ने तोड़ दिया। पक्षी घबराया, लेकिन उसके पास कोई और विकल्प नहीं था। डाल के गिरने से पहले उसने अपने पंख फैलाए और खुद को बचाने के लिए जोर से फड़फड़ाया। और क्या हुआ? उसने पहली बार उड़ान भरी!

उसने महसूस किया कि जिस डर ने उसे रोक रखा था, वही उसे उड़ने का मौका दे गया। अगर वह आंधी न आती, तो वह कभी यह न जान पाता कि उसके अंदर उड़ने की ताकत पहले से ही मौजूद थी।

सीख

डर अक्सर हमें रोकने की कोशिश करता है, लेकिन उसके पीछे हमेशा एक बड़ा अवसर छिपा होता है। अगर आप उस डर का सामना करेंगे, तो शायद आप भी अपनी "पहली उड़ान" भर सकें। डर वही है जो हमें अपने पंखों की ताकत दिखाता है।

कहानी नई-नहीं है, आपने भी कई बार पहले सुनी होगी, लेकिन जब आज यहां आप इसे अपने लक्ष्यों से जोड़ कर देखेंगे तो आपका नजरिया भी बदल जाएगा।

अब सोचिए, आपकी जिंदगी का ऐसा कौन सा डर है जिसे आप "पहली उड़ान" का अवसर बना सकते हैं?

Activity

आत्मविश्वास की ओर एक कदम - Fearless You: इस एक्टिविटी को खेल समझकर खेलें

आपका डर क्या है, जिसे आप अवसर में बदलना चाहते हैं?

आप अपने किसी ऐसे डर को, जिसके कारण आप आगे नहीं बढ़ पा रहे हैं, उसे लिखिए और नीचे दिए गए सवालों के सटीक जवाब दीजिए।

यह एक दिलचस्प और सोचने वाली गतिविधि है, जिससे आप अपने डर को समझ सकते हैं और उसे एक नए नजरिए से देख सकते हैं।

1. अपने डर को परिभाषित करें। यह वास्तव में क्या है?

____

____

2. यहाँ होने और इस किताब को पढ़ने का आपका उद्देश्य क्या है? इसे लिखें।

____

____

3. अगर आप डर से घिरे रहे, तो सबसे बुरा क्या हो सकता है?

____

____

4. लिखें कि आपके डर का आप पर क्या प्रभाव पड़ता है।

____

____

5. क्या चीज़ आपको अपने डर पर काम करने या जोखिम उठाने से रोक रही है?

____

____

6. कुछ न करने की कीमत क्या है? डर के कारण रुक जाने से आप क्या खो रहे हैं?

____

____

7. अगर डर आपको न रोकता, तो सबसे अच्छा क्या हो सकता था?

____

____

8. ऐसी किसी महिला के बारे में सोचें, जिसे आप निडर मानते हैं।

____

____

9. उनके कौन से व्यवहार या कार्य आपको यह सोचने पर मजबूर करते हैं कि वह निडर हैं?

____

____

10. अगर आपको कल बिल्कुल भी डर ना लगे तो आप कौन सा कदम उठाएंगे?

____

____

डर को हराने के लिए 3 आसान प्रयोग:

➤ अपना दृष्टिकोण बदलें

डर का चश्मा उतारें और अवसर का चश्मा पहनें। जब आप हर स्थिति में केवल डर और बाधाओं को देखेंगे, तो आप वहीं फंसे रहेंगे। लेकिन यदि आप वही स्थिति अवसर के रूप में देखेंगे, तो डर अपने आप छोटी सी बात बन जाएगा।

➤ हर दिन एक असुविधाजनक काम करें

डर को हराने का सबसे अच्छा तरीका है हर दिन एक छोटा कदम उठाना जो आपको थोड़ी असुविधा महसूस कराए। इसे "बिंगो के खेल में 100 बार ना सुनने के" प्रयोग से समझें, जहाँ आप 100 लोगों से ऐसी चीज़ें मांगते हैं, जिन्हें हो सकता, वे इंकार कर दें।

- मदद मांगें
- चीज़ें मांगें
- और इंकार सुनें।

➤ **क्यों इंकार सुनना ज़रूरी है?**

- यह आपको अस्वीकृति का सामना करने में मदद करेगा।

- आप समझेंगे कि "नहीं" का मतलब हमेशा "हमेशा नहीं" नहीं होता, कभी-कभी यह सिर्फ "अभी नहीं" होता है।

➤ **शब्दों की ताकत समझें**

शब्द तीर की तरह होते हैं। आपके शब्द दूसरों की ज़िंदगी बदल सकते हैं, और आपके खुद के शब्द आपकी ज़िंदगी भी बदल सकते हैं।

- जो आप दूसरों से कहते हैं, और जो आप खुद से कहते हैं – इन पर ध्यान दें।

- सकारात्मक शब्द बोलें और सोचें।

याद रखें: सही शब्द, सही सोच, और सही कदम आपको निडर बना सकते हैं।

⊘ ⊘ ⊘ ⊘

अध्याय 4

संभावना: एक नई शुरुआत

संभावना का मतलब है अवसरों का द्वार। यह वह जादू है जो हमें हर स्थिति में एक नई दिशा, नया समाधान और नई शुरुआत देखने की प्रेरणा देता है। जीवन में हर समस्या के पीछे संभावना छिपी होती है, बस उसे पहचानने के लिए सही दृष्टिकोण की आवश्यकता होती है।

संभावना क्यों महत्वपूर्ण है?

➢ यह हमें याद दिलाती है कि असंभव केवल एक धारणा है।

➢ यह हमारे भीतर छिपी हुई ताकत और क्षमताओं को पहचानने का मौका देती है।

➢ यह हमें चुनौतियों को अवसरों में बदलने का साहस देती है।

संभावना का सार

जब हम जीवन में संभावनाओं को देखना शुरू करते हैं, तो हमारी सीमाएं समाप्त हो जाती हैं। हम न केवल अपने डर और संकोच को हराते हैं, बल्कि अपनी क्षमता का पूरा इस्तेमाल करना भी सीखते हैं।

याद रखें

संभावना हर जगह है—हमारे विचारों में, हमारे आसपास, और हमारी हर कोशिश में। हमें बस इसे पहचानने और अपनाने की जरूरत है। यही संभावनाओं का असली जादू है।

नए रिश्ते बनाएं

रिश्ते हमारी ज़िंदगी का एक अहम हिस्सा होते हैं। चाहे वह व्यक्तिगत हो या व्यावसायिक, नए रिश्ते बनाना बहुत ज़रूरी है। नए लोगों से मिलना हमें नए अनुभव देता है और हमारी सोच को भी बढ़ाता है। कभी-कभी हम पुराने दोस्तों और परिवार में ही इतने उलझ जाते हैं कि नए लोगों से मिलना भूल जाते हैं। लेकिन नए रिश्ते बनाना हमारे लिए फायदेमंद हो सकता है तथा हमारे लिए कई संभावनाओं के द्वार खोल सकते हैं।

नए रिश्ते क्यों बनाना चाहिए?

➢ **सीखने का मौका** – हर नया दोस्त हमें कुछ नया सिखा सकता है। नए लोगों से मिलकर हम उनके अनुभवों और सोच से बहुत कुछ सीख सकते हैं। इससे हम खुद को और बेहतर बना सकते हैं।

➢ **नए अवसर** – नए रिश्ते हमें नए मौके देते हैं। कभी-कभी कोई नया दोस्त हमें ऐसी नौकरी या बिजनेस का मौका दे सकता है, जिसके बारे में हमने सोचा भी नहीं था।

➢ **नेटवर्किंग** – आजकल नेटवर्किंग बहुत ज़रूरी है। जितने ज्यादा लोगों से हम मिलेंगे, उतनी ही ज्यादा हमारी मदद हो सकती है। नए लोगों से जुड़ने से हमें करियर में आगे बढ़ने के लिए नए रास्ते मिल सकते हैं।

> **भावनात्मक सपोर्ट** – नए रिश्ते हमें भावनात्मक रूप से भी मजबूत बनाते हैं। जब हमारे पास नए दोस्त होते हैं, तो हमें अकेलापन महसूस नहीं होता और हम अपने विचार शेयर कर सकते हैं।

नए रिश्ते कैसे बनाएं?

> **सुनने की कला** – जब आप किसी की बातें ध्यान से सुनते हैं, तो वो व्यक्ति खुद को खास महसूस करता है। इससे रिश्ते मजबूत होते हैं।

> **ईमानदारी से बात करें** – अपने विचारों को खुलकर बताना बहुत ज़रूरी है। जब आप ईमानदारी से बात करते हैं, तो सामने वाला आपसे जुड़ता है।

> **छोटी-छोटी मदद करें** – कभी-कभी एक छोटी मदद या कोई अच्छा संदेश ही नए रिश्ते की शुरुआत कर सकता है। दूसरों की मदद करने से आप उनके करीब आते हैं।

> **नई जगहों पर जाएं** – नए लोगों से मिलने के लिए नए इवेंट्स या मीटिंग्स में जाएं। जितने ज्यादा लोगों से आप मिलेंगे, उतने ही नए रिश्ते बना सकेंगे।

> **समय दें** – कोई भी रिश्ता एक दिन में नहीं बनता। नए रिश्तों के लिए आपको थोड़ा समय और धैर्य देना होगा।

> **रिश्ते को पोषित करें** – रिश्ते भी पौधों की तरह होते हैं। उन्हें समय और देखभाल की ज़रूरत होती है। नए रिश्तों को मजबूत बनाने के लिए नियमित रूप से संपर्क में रहें।

नए रिश्ते बनाने के फायदे

➤ **सपोर्ट सिस्टम** – ज़िंदगी में मुश्किल समय में अगर आपके पास अच्छे दोस्त हों, तो हर चीज़ आसान हो जाती है। नए रिश्ते बनाकर आप अपना सपोर्ट सिस्टम मजबूत कर सकते हैं।

➤ **रचनात्मकता** – नए दोस्त आपकी सोच को बदल सकते हैं। उनके विचार और नजरिया आपको नई प्रेरणा देते हैं।

➤ **स्वयं में सुधार** – नए रिश्तों के जरिए आप खुद को बेहतर बनाने का मौका पाते हैं। आप अपने अनुभवों से सीखते हैं और अपने व्यक्तित्व में निखार लाते हैं।

कुछ दिनों पहले की बात है। मैं कहीं से आ रही थी और कुछ गलतफहमी की वजह से मेरे कार ड्राइवर को आने में देर हो गई। रात के करीब 11:00 बजे थे और मैं अकेले पैदल चल रही थी। थोड़ी देर में मेरी गाड़ी आने वाली थी, तब तक मैंने देखा कि पीछे से एक बाइक सवार बहुत देर से मुझे देख रहा था। वह मेरे पास आया और मुझसे पूछने लगा, "यदि आप बुरा न मानें तो मैं आपसे एक बात पूछूं, आप अकेले क्यों जा रहे हैं? और कहां जाएंगे? क्या मैं आपकी कोई मदद कर सकता हूं?"

मैंने कहा, "नहीं, अभी मेरा ड्राइवर आ रहा है," और पूछने के लिए मैंने उन्हें धन्यवाद दिया। जब तक मेरी गाड़ी आई नहीं, वह वहीं रुके रहे। मेरी गाड़ी आने के बाद, जब वह जाने लगे, तो मैंने उनसे पूछा, "आप कहां रहते हैं?" उन्होंने बताया कि वह LIC के एजेंट हैं।

कुछ दिनों से हमारे कुछ कर्मचारी LIC की पॉलिसी करवाना चाहते थे, तो मैंने उन्हें उस भले आदमी का पता दिया और कहा कि उनसे करवा

लें। कभी-कभी जाने-अनजाने कुछ अच्छे लोग मिल जाते हैं। उनके मिलने से मुझे भी डर नहीं लगा और उन्हें भी कुछ अच्छे काम मिल गए।

नए रिश्ते बनाना ज़िंदगी को और खूबसूरत बनाता है। नए लोगों से मिलकर हमें नए अनुभव और खुशियाँ मिलती हैं।

नए कौशल सीखें

हमेशा कुछ न कुछ नया सीखते रहें। मैंने अक्सर सुना है कि महिलाएं यह कहती हैं, "अरे, यह कैसे करते हैं? मैं तो भूल गई! तुमने दो-तीन बार बताया, पर मैं वापस इसे अपने आप से नहीं कर पाई। मुझे फिर से नए सिरे से सीखना पड़ेगा।" आप जब भी कुछ नया सीखते हैं, चाहे वह छोटा सा कोई पाठ हो या कोई बड़ी प्रक्रिया, आपने उसमें अपना समय दिया, अपना दिमाग लगाया थोड़े समय के लिए उसे किया भी जिससे आपकी ऊर्जा भी बर्बाद हुई लेकिन अगले दिन आपने उसे प्रेक्टिस नहीं किया, फिर से करके नहीं देखा क्योंकि कल आपको जरूरत थी तो आपने सीख लिया और उसे कर भी लिया या शुरू कर दिया, लेकिन वही काम अगर आपको दो-तीन महीने बाद करना है, तो आप उसे भूल जाते हैं। दूसरे कामों में व्यस्त होने के कारण, जब फिर से जरूरत पड़ती है, तो याद ही नहीं आता कि इसे कैसे करना है। ऐसे में फिर से किसी की मदद लेनी पड़ती है। और जरूरी नहीं कि उस समय मदद करने वाला व्यक्ति या बच्चे आपको मिल जाएं। इसका नतीजा यह होता है कि झल्लाहट होती है और यह भी लगता है कि "यार, मुझे कुछ याद ही नहीं रहता।" इससे आपका मन निराशा से भर जाता है।

उदाहरण के तौर पर समझते हैं, मान लीजिए आपको एक एक्सेल शीट लैपटॉप में खोलनी है और उसमें कुछ डाटा भरना है और वहां आपको कोई नई लाइन जोड़नी है या नया कॉलम डालना है। आपने इसे किसी से सीखा और तब आपको यह बहुत आसान लगा, मैं कर लूंगी कह कर और आपने एक बार सामने ही करके दिखा दिया। लेकिन जब आपको दोबारा जरूरत पड़ी, आप भूल गए कि एक्सेल शीट कहां रखी थी, और जब आपने उसे खोज निकाला, तो कार्य प्रणाली भी याद नहीं आई।

एक और उदाहरण लेते हैं, आपने कोई कोर्स लिया था। आपके ही परिवार के किसी ने आपको बताया कि यह कोर्स कर लो, यह उसका लॉगिन आईडी पासवर्ड है। इस वेबसाइट पर जाकर उसे खोलो और शुरू कर दो। आपने एक बार इसे लॉगिन करके शुरू किया और सोचा कि "रिकॉर्डेड वीडियो है, बाद में जब भी समय होगा देख लूंगी।" लेकिन बाद में जब आपने कोशिश की तब आप लॉगिन आईडी और पासवर्ड ही भूल गए और आप लॉगिन नहीं कर पाए। फिर आपको दोबारा पूछने में भी संकोच हुआ, और नतीजा यह हुआ कि आप आगे नहीं बढ़ पाए।

छोटी उम्र में चीजें जल्दी याद हो जाती हैं। परंतु एक उम्र के बाद जब तक हम कई बार किसी एक काम को करने की बार-बार प्रैक्टिस नहीं करते, तो हमें अक्सर भूल जाने की वजह से परेशानी का सामना करना पड़ता है। इसलिए लिखने की आदत डालें। स्टेप बाय स्टेप जब आप किसी कार्य को लिखेंगे तब आप उसे सटीक रूप से कर पाएंगे। कई बार हम लॉगिन आईडी और पासवर्ड जैसी जरुरी चीज़ें ही भूल जाते हैं, इसलिए इन्हें किसी डायरी में या एक शीट पर लिख लें और उन्हें बच्चों के साथ जरूर शेयर करें। बच्चे भी अपनी दुनिया में व्यस्त होते

हैं उन्हें यदि हम बार-बार पूछेंगे तो शायद वह न बता पाएं इसीलिए आप अपने सारे डाउट्स लिख लें और जब समय हो तो एक बार में पूछ लें। आजकल की दुनिया डिजिटल हो गई है, आप चाहें तो अपने फोन या लैपटॉप में उन्हें नोट करके रख सकती हैं। इसके अलावा मोबाइल में ऐसे कई एप्लिकेशन आते हैं, जैसे की नोट्स, गूगल कीप, वन नोट आदि, जिनका आप आसानी से इस्तेमाल कर सकते हैं।

बार-बार पूछने की हिचक से अच्छा है कि जब कोई कुछ बताए, तब उसे क्रम में लिख लें और सिर्फ एक ही डायरी या एप्लीकेशन का इस्तेमाल करें। अगर आप अलग-अलग जगह लिखेंगे, तो फिर आपको ढूंढने में भी समय बर्बाद करना पड़ेगा।

सीखने में आनंद लेना बेहद ज़रूरी है। जब भी कुछ नया सीखें, उसे पूरी लगन और खुशी के साथ करें। खुद को अपडेट रखना न केवल आपको आत्मनिर्भर बनाता है, बल्कि आपके आत्मविश्वास को भी बढ़ाता है। जितनी ज्यादा जिज्ञासा आपके अंदर होगी, उतनी तेजी और आसानी से आप नई चीज़ें सीख पाएंगे।

समय का सही इस्तेमाल करना भी बेहद महत्वपूर्ण है। जो भी सीखा है, उसे समय-समय पर दोहराते रहें। हर दिन न सही, तो हफ्ते या महीने में एक बार उसे फिर से देख लें, ताकि वो आपके दिमाग में ताज़ा बना रहे।

जब आप कोई नई स्किल सीख लें, तो खुद की सराहना करना न भूलें। यह आपको प्रेरित और उत्साहित रखता है। याद रखें, एक बार में बहुत कुछ सीखने की कोशिश करने से बेहतर है कि छोटे-छोटे कदम उठाएं और हर स्किल को अच्छे से समझें।

लगातार अभ्यास और धैर्य ही आपको किसी भी स्किल में निपुण बना सकते हैं। धीरे-धीरे, आप खुद को मजबूत और आत्मनिर्भर महसूस करेंगे। और सबसे जरूरी बात, सीखना कभी खत्म नहीं होता। यह एक ऐसी यात्रा है, जो आपको हर दिन कुछ नया सीखने का मौका देती है।

नई रुचियां और शौक खोजें: खुद को निखारें

नए शौक या रुचियां ढूंढना जिंदगी को और मजेदार बना सकता है। हम अपनी रोज़मर्रा की जिंदगी में इतने उलझ जाते हैं कि खुद के लिए समय ही नहीं निकाल पाते। लेकिन जब हम कुछ नया करने की कोशिश करते हैं, तो ये हमारे दिन में ताजगी और उत्साह लाता है। नए शौक आपको एक नई ऊर्जा और खुशी दे सकते हैं और साथ ही आपकी क्रिएटिविटी को भी बढ़ावा देते हैं। अगर आपको समझ नहीं आ रहा कि क्या नया करें, तो उन चीजों के बारे में सोचें जो आपको पहले पसंद थीं, लेकिन अब टाइम की कमी या काम की वजह से छोड़ दीं। जैसे पेंटिंग, म्यूजिक, डांस, फोटोग्राफी या खेल। इन्हें फिर से शुरू करना अच्छा हो सकता है। या फिर आप कुकिंग, गार्डनिंग, योग, ट्रेकिंग, या नई भाषा सीखने जैसी कोई नई चीज़ भी ट्राई कर सकते हैं।

नए शौक सिर्फ टाइम पास नहीं होते, बल्कि इससे आपको नए दोस्त बनाने, नई चीज़ें सीखने और अपने टैलेंट को पहचानने का मौका मिलता है। इससे आपका आत्मविश्वास बढ़ता है और स्ट्रेस भी कम होता है। और सबसे खास बात, ये आपको खुशी देता है। शुरुआत छोटे-छोटे कदमों से करें। कुछ नया सीखना या करना थोड़ा मुश्किल लग सकता है, लेकिन धीरे-धीरे उसमें एक्सपर्ट हो जाएंगे। बस अपने शौक का मजा लें और खुद को तरोताज़ा महसूस करें।

नई रुचियां खोजने के फायदे:

1. **जीवन में संतुलन:** नई चीजों को अपनाने से जीवन में बदलाव और संतुलन आता है।

2. **सृजनात्मकता बढ़ती है:** जब आप कुछ नया करते हैं, तो आपका दिमाग अधिक रचनात्मक बनता है।

3. **सकारात्मक ऊर्जा:** शौक आपके तनाव को दूर कर, आपको खुश और ऊर्जावान बनाते हैं।

4. **नए कौशल:** नई रुचियां आपको नई चीजें सीखने और अपनी क्षमताओं को निखारने का मौका देती हैं।

कैसे खोजें अपनी नई रुचियां?

1. **खुद से सवाल करें:**
   - आपको क्या करना अच्छा लगता है?
   - ऐसा क्या है जो आपने कभी करने की कोशिश की लेकिन छोड़ दिया?
   - आपको क्या चीज़ उत्साहित करती है?

2. **नई चीजें आज़माएं:**
   - किसी नई भाषा को सीखें।
   - संगीत, पेंटिंग या लेखन जैसे रचनात्मक शौक आज़माएं।
   - योग, डांस, या फिटनेस की नई विधि अपनाएं।

3. **अपने कम्फर्ट ज़ोन से बाहर निकलें:**
   - कुछ ऐसा करें जो आपने पहले कभी न किया हो।
   - अपने दोस्तों या परिवार से सुझाव लें।

4. **समूह में शामिल हों:**

- किसी वर्कशॉप, कम्युनिटी क्लास या क्लब में शामिल होकर नई चीजों का अनुभव लें।

- नई रुचियां और शौक आपके जीवन को नए रंगों से भर सकते हैं। यह आपके अंदर छिपी संभावनाओं को बाहर लाने का सबसे अच्छा तरीका है। हमेशा याद रखें, हर दिन एक नई शुरुआत का मौका होता है।

Activity

आपकी सुपरपावर क्या है?

हर व्यक्ति के भीतर एक खास ताकत होती है, जिसे हम उसकी "सुपरपावर" कह सकते हैं। यह ताकत हमें दूसरों से अलग बनाती है और हमारी पहचान को मजबूत करती है। अध्याय 2 में आपने अपनी सबसे महत्वपूर्ण दो मूल्यों (Values) की पहचान की थी। अब, उन मूल्यों को समझने के आधार पर, हम आपकी "सुपरपावर" और उससे जुड़ी कमजोरियों (Kryptonite) को पहचानेंगे। याद रखें, हर सुपरपावर के साथ एक कमजोरी भी जुड़ी होती है। लेकिन असली ताकत यह है कि आप अपनी कमजोरी को समझें, उसका सामना करें, और उसे संतुलित करना सीखें। यही प्रक्रिया आपको अपनी क्षमता को पूरी तरह से पहचानने और उसका सही उपयोग करने में मदद करेगी।

सुपरपावर और कमज़ोरियां: मेरी यात्रा

जब मैं ये लिखने बैठी, तो एहसास हुआ कि हमारी असली ताकतें अक्सर हमारी कमजोरियों से जन्म लेती हैं। मैं अपनी कहानी आपके

साथ साझा करना चाहती हूं, पूरी तो नहीं पर कुछ भाग, न केवल इसलिए कि यह विशेष है, बल्कि इसलिए कि शायद इसमें आपको अपने जीवन की झलक मिले। मेरे लिए दृढ़ संकल्प, कार्य करने की तत्परता (Action Oriented), और सहानुभूति मेरी ताकतें रही हैं। इन्हीं के सहारे मैंने अपने जीवन की चुनौतियों का सामना किया है।

दृढ़ संकल्प: मुश्किलों को पार करना

ऐसा एक समय था जब मुझे लगा कि मैं एक असंभव सी स्थिति में फंस गई हूं, और यह एक व्यक्तिगत तथा व्यावसायिक चुनौती थी। आसपास की आवाजें कह रही थीं कि मुझे हार मान लेनी चाहिए, कि मैं नहीं कर पाऊंगी। लेकिन मेरे भीतर कुछ था जो हार मानने को तैयार नहीं था। मैंने दिन-रात मेहनत की, नई चीजें सीखी, और एक-एक कदम आगे बढ़ती रही। मेरे दृढ़ संकल्प ने वह हासिल करने में मेरी मदद की, जो पहले असंभव लगता था। परिणाम देखकर लोगों की राय भी बदली, और मेरा संकल्प और भी मजबूत होता गया। तब एहसास हुआ कि यही तो मेरी सुपरपावर है।

आप भी याद करें कि आखिरी बार आपने खुद को परिस्थितियों के आगे झुकने नहीं दिया था? वह आपकी दृढ़ता का ही परिणाम था।

कार्य करने की तत्परता (Action Oriented): सपनों को हकीकत बनाना

हमारे दिमाग में अक्सर आइडियाज और सपने तैरते रहते हैं। मेरे लिए जादू तब होता है, जब मैं उन्हें हकीकत में बदलने की दिशा में पहला कदम उठाती हूं। मुझे याद है, मैंने अपने ऑफिस में कई छोटे-बड़े

बदलावों के लिए एक्शन लिए, और उनके हमें काफी अच्छे परिणाम मिले।

कार्रवाई का मतलब परफेक्शन नहीं, बल्कि प्रगति है। अगर आप भी किसी ऐसी चीज़ के बारे में सोच रहे हैं जिसे आप लंबे समय से शुरू करना चाहते थे, तो अपनी सुपरपावर का इस्तेमाल करते हुए आज पहला कदम उठाएं।

सहानुभूति: दिलों को जोड़ना

हम जब भी किसी की कोई बात सुनते हैं, तो तुरंत जवाब देने को तत्पर हो उठते हैं। अपने हिसाब से उसे समाधान बताने लगते हैं, बगैर यह जाने कि क्या उसे समाधान चाहिए या वह सिर्फ हमें अपनी बात बताना चाहता है।

एक बहुत बड़ा सबक जो मैंने सीखा है, वह यह है कि हर इंसान को समाधान नहीं चाहिए—उन्हें बस एक ऐसा इंसान चाहिए जो उनकी सुने। चाहे दोस्त के तौर पर, गाइड के तौर पर, या एक अजनबी के रूप में, मैंने हमेशा अपनी सहानुभूति को अपनी ताकत बनाया है। मुझे याद है, एक बार मेरी एक दोस्त ने अपने जीवन की एक बड़ी समस्या मुझसे साझा की। मैंने कोई सलाह नहीं दी, बस चुपचाप उसे सुना। कुछ महीनों बाद उसने बताया कि मेरी सहानुभूति और सुनने की क्षमता ने उसे संभलने का हौसला दिया।

आपकी सहानुभूति आपकी सबसे बड़ी ताकत हो सकती है। अगली बार जब कोई अपनी बात आपके साथ साझा करे, तो उसे दिल से सुनें। कभी-कभी, सिर्फ सुनने भर से आप किसी की पूरी दुनिया बदल सकते हैं।

आपकी शक्ति आपके अनुभवों में छुपी है। इसे पहचानें, इसे अपनाएं, और इसे अपना सुपरपावर बनाएं।

कई बार यही सहानुभूति मेरे लिए कमजोरी भी बन जाती है। जब लोगों का विचार या व्यवहार पहले से ही पता हो, तो वे आपका फायदा उठाने से नहीं चूकते। कोई अपनी समस्या बताने आता है, और मुझे लगता है कि यह कठिन दौर से गुजर रहा है, तो इसका साथ देना चाहिए। लेकिन कई बार मैं गलत साबित होती हूं। इससे अनुशासन भी टूटता है, और मैं कड़े कदम उठाने से चूक जाती हूं।

मैंने अपनी इस कमजोरी को दूर करने के लिए एक नई आदत डाली है—कुछ फैसलों पर तुरंत प्रतिक्रिया देने के बजाय, "मैं बाद में निर्णय लूंगी" कहकर सोचने का समय मांग लेती हूं।

गतिविधि: अपनी सुपरपावर खोजें

1. **सोचिए और लिखिए:**

   नीचे दिए गए प्रश्नों के जवाब लिखें:

   - मुझे कौन सा काम करने में मज़ा आता है?

   - मेरे दोस्त और परिवार वाले मेरी कौन सी खासियत की तारीफ करते हैं?

   - मुझे किस काम को करते समय सबसे ज्यादा गर्व महसूस होता है?

   - अगर किसी को मदद चाहिए, तो वे मुझसे किस चीज़ के लिए मदद मांगते हैं?

अपना जवाब यहाँ लिखें:

____

____

____

2. **अपनी सुपरपावर का नाम दीजिए:**

आपकी सुपरपावर को एक नाम दीजिए। यह कोई भी चीज़ हो सकती है, जैसे रचनात्मकता (Creativity), सहानुभूति (Empathy), साहस (Courage), या हास्य (Humor)।

आपकी सुपरपावर का नाम:

____

____

____

3. **अपनी सुपरपावर को चित्रित करें:**

नीचे दी गई खाली जगह में अपनी सुपरपावर का चित्र बनाएं या इसे शब्दों के जरिए रचनात्मक तरीके से व्यक्त करें।

4. **अपनी सुपरपावर का उपयोग:**

   सोचिए कि आप अपनी इस सुपरपावर का उपयोग अपने जीवन या दूसरों की भलाई के लिए कैसे कर सकते हैं।

   - मैं अपनी सुपरपावर का उपयोग _________ के लिए कर सकती हूँ।
   - अगले हफ्ते मैं अपनी सुपरपावर का इस्तेमाल _________ करने के लिए करूँगी।

   अपना जवाब लिखें:

   ____

   ____

   ____

   ____

हम सब में सुपर पावर के साथ-साथ एक न एक कमजोरी भी होती है, जो कभी-कभी रुकावट बन जाती है। इस गतिविधि के जरिए आप अपनी कमजोरी को पहचानेंगे और यह समझेंगे कि उससे कैसे निपटा जा सकता है।

1. **अपनी कमजोरी पहचानें:** सोचिए और लिखिए कि आपकी कौन सी बात या आदत आपको पीछे खींचती है।

   मेरी कमजोरी:

   ____

   ____

   ____

2. **कमजोरी का असर समझें:** यह लिखें कि आपकी यह कमजोरी आपकी ज़िंदगी, काम, या रिश्तों पर कैसे असर डालती है।

मेरी कमजोरी का प्रभाव:

____

____

____

____

3. **कमजोरी से निपटने का तरीका:** अब सोचिए कि आप अपनी इस कमजोरी को कैसे सुधार सकते हैं। क्या आप इसके लिए कोई नई आदत अपना सकते हैं? कोई मदद ले सकते हैं?

अपनी कमजोरी से निपटने का मेरा तरीका:

____

____

____

4. **ताकत का उपयोग करें:** अपनी सुपरपावर के बारे में सोचें। क्या आप अपनी ताकत का इस्तेमाल अपनी कमजोरी को दूर करने में कर सकते हैं?

मैं अपनी सुपरपावर का उपयोग इस तरह करूंगी:

____

____

____

कमजोरी से भागने के बजाय, उसे समझें और उस पर काम करें। आपकी सुपरपावर ही वह ताकत है जो आपको आपकी कमजोरी से ऊपर उठने का साहस देती है। याद रखें, कमजोरी आपकी पहचान नहीं है; इसे सुधारने का साहस ही आपकी असली ताकत है।

कमजोरी और ताकत का संतुलन बनाना ही सच्ची सफलता की कुंजी है। आपकी ताकत आपको अद्वितीय बनाती है, और आपकी कमजोरी आपको इंसान। इसे पूरी ईमानदारी से अपनाइए और बिना रुके आगे बढ़ते रहिए।

पढ़ने के बाद आपने खुद को क्या नया करने के लिए प्रेरित महसूस किया? अपने नए सपनों और लक्ष्य को यहाँ लिखें। यह आपकी नई यात्रा की शुरुआत होगी।

अध्याय 5

एक्शन

"जितनी भी किताबें पढ़ लें या किसी से समझ लें, लेकिन परिणाम आपके एक्शन से ही आता है।" यह कथन हमें इस गहरी सच्चाई की याद दिलाता है कि ज्ञान और समझ तब तक बेअसर रहते हैं, जब तक उन्हें अमल में नहीं लाया जाता। किताबें हमें नई सोच, विचार, और कौशल का मार्ग दिखाती हैं। लेकिन अगर इस ज्ञान को केवल पढ़ने और समझने तक सीमित रखेंगे और उसे जीवन में लागू नहीं करेंगे, तो उसका कोई लाभ नहीं होगा। असली परिणाम केवल आपके कदम उठाने से आता है। आप किसी बिजनेस की सभी रणनीतियां पढ़ सकते हैं, लेकिन अगर आप काम शुरू नहीं करते, तो आप कभी सफल नहीं होंगे। आप फिटनेस की सारी जानकारी ले सकते हैं, लेकिन अगर आप एक्सरसाइज़ नहीं करेंगे, तो शरीर पर उसका कोई असर नहीं दिखेगा। अगर आपने आत्मविकास पर किताब पढ़ी और उसमें समय प्रबंधन के सुझाव मिले, लेकिन आप उन सुझावों को लागू नहीं करते, तो आपका समय प्रबंधन कभी बेहतर नहीं होगा।

ज्ञान + कार्य = परिणाम

यह सूत्र याद रखें। ज्ञान और एक्शन का मेल ही वह शक्ति है, जो आपको सफलता की ओर ले जाता है।

"पढ़ना प्रेरणा देता है, लेकिन करना परिणाम लाता है।"

अपने वित्त (फाइनेंस) की योजना बनाएं।

अपने वित्त की प्लानिंग करने का मतलब है कि आप अपने खर्चों और आय का पूरा ध्यान रखें। कई ऐसी जगहें होंगी, जहां से आपको नियमित इनकम आती है। उसे लिखें, या फिर आपने अब तक कुछ सेविंग की होगी। आपके बैंक में कुछ पैसे पड़े होंगे, किसी पर्स में या किसी लिफाफे में, जो भी जहां भी है, और जो कहीं से भी आता है, उस सबको लिखें। हम औरतों की यह आम आदत होती है कि हम पैसे इधर-उधर रख देते हैं, अब समय आ गया है इसे बदलने का। बैंक या घर में रखे हुए पैसे आमतौर पर आपको कोई खास रिटर्न नहीं देते। यदि आपके पैसे बैंक में हैं, तो मुश्किल से सालाना 4% का ब्याज मिलता है। या फिर आपने कोई फिक्स डिपॉजिट (FD) कराया है, तो 6 से 7% ब्याज मिलता है, जो कि हर साल बढ़ती महंगाई दर को भी नहीं हरा पाता।

आप अपने सारे खर्चे लिखिए, जो आपके अभी हैं और भविष्य में जो भी आप करना चाहती हैं—कुछ खरीदना चाहती हैं, दुनिया की सैर करना चाहती हैं, अपनी सहेलियों के साथ ट्रिप प्लान करना चाहती हैं—जहां भी आपको लगता है कि आपको पैसों की जरूरत पड़ेगी, वह सब लिखिए। आपको लगेगा कि ये तो बहुत ज्यादा हो गया, पर यकीन मानिए आपको एक पूरे होते हुए लक्ष्य की तस्वीर दिखाई देगी और आपको इसके बारे में और जानने की उत्सुकता बढ़ेगी। हो सकता है कि आपको आपके पति या परिवार का कोई सदस्य पैसे दे दे, पर जब आप खुद से कुछ भी करती हैं तो उस खुशी को परिभाषित करना बहुत ही मुश्किल होता है और बताना अच्छा भी लगता है। यदि आपने पहले से ही अपनी प्लानिंग कर रखी है, तो बहुत ही बढ़िया! उसे समय-समय पर रिव्यू करें और जरूरत पड़े, तो थोड़ी और जानकारी लेकर उसे

ठीक कर लें। अगर आपने पहले कभी इतनी गहराई से सोचा ही नहीं था, तो भी चिंता की बात नहीं है, अभी ज्यादा कोई देर नहीं हुई है। आजकल कई कोच और कोर्स उपलब्ध हैं, जिन्हें आप कर सकती हैं और अपने पैसों को बहुत ही शानदार तरीके से बढ़ा सकती हैं।

एक टेबल बनाएं जिसमें हर एक लक्ष्य, जिसे आप पूरा करना चाहती हैं, और उसमें कितना खर्चा होगा, वह लिखें। उसमें हर साल की महंगाई दर जोड़ना ना भूलें। उदाहरण के तौर पर, महंगाई दर का मतलब है कि अगर आज कोई चीज़ आप ₹100 की खरीद रही हैं, तो अगले साल बढ़ती हुई महंगाई दर के हिसाब से वह आपको ₹105 की मिल सकती है। ऐसे ही, यदि आप 5 साल बाद कहीं घूमने जाना चाहती हैं, तो उस हिसाब से जितना होगा, वह लिखें। यह आप किसी भी एक्सेल शीट में फार्मूला डालकर भी कर सकती हैं। मैं यहां इस भाग के आखिर मे आपको पर्सनल गोल्स की एक शीट का फॉर्मेट दे रही हूं, आप ऐसा भी बनाकर उसमें सब कुछ लिख सकती हैं।

अब बारी आती है कि इन्वेस्टमेंट कैसे करें जो कि सुरक्षित भी हो और बहुत अच्छा रिटर्न भी दे। किसी अच्छे एडवाइजर से या आपके परिवार या दोस्तों में किसी एक्सपर्ट से राय लेने में कदापि न हिचकिचाएं। आपको अपने नंबर बताने की जरूरत नहीं है, क्योंकि यह सारी बातें प्रतिशत पर होती हैं। यानी आप उनसे यह समझें कि किसी प्रोडक्ट में पैसे किस प्रतिशत से बढ़ेंगे। आजकल गूगल पर वैसे भी सभी ऐसी जानकारी आसानी से उपलब्ध है। आपको एक चार्ट बनाकर अपने हिसाब से निर्णय लेना है, जैसे कि बैंक एफडी, म्युचुअल फंड, स्टॉक मार्केट, गोल्ड, सिल्वर, बॉन्ड, आईपीओ आदि। किसमें कितना रिटर्न आएगा, इसका एक अंदाजा लगाकर तुरंत एक्शन लें।

हो सकता है कि आप स्टॉक मार्केट के नाम से डरती हों। आपने किसी से सुना भी होगा कि उसने अपनी पूरी पूंजी शेयर बाजार में खत्म कर दी, या फिर कुछ लोग कहते हैं कि "यार, जब भी मैं कोई स्टॉक खरीदता हूं, वह हमेशा ही नीचे गिर जाता है, मेरी किस्मत ही खराब है।" जब भी हमने ऐसी बातें सुनी होंगी, हमारा मन और भी पक्का होता गया कि स्टॉक मार्केट में पैसा लगाना ही नहीं है। लेकिन ऐसा नहीं है। यदि आप पूरी तरह से समझदारी से, सही तरीके से और नियमों का पालन करते हुए इन्वेस्ट करते हैं, तो इससे अच्छा रिटर्न शायद ही कहीं मिले। यह पूरी तरह से आपका नजरिया है।

मैं यदि अपनी बात कहूं तो मैंने इन्वेस्टमेंट 2008 में शुरू किया था। मैं CNBC AWAZ Channel पर एक प्रोग्राम देखा करती थी, जिसमें गौरिका चौधरी म्युचुअल फंड के बारे में बताती थीं और महिलाओं को फाइनेंशियल मैनेजमेंट कैसे करना है, सिखाती थीं। मैंने वहीं से धीरे-धीरे बहुत छोटे-छोटे अमाउंट से शुरुआत की थी। फाइनेंशियल प्लानिंग भी मुझे आती नहीं थी, लेकिन हर 6 महीने में एक बार मैं अपने पोर्टफोलियो का रिव्यू जरूर करती थी, और उसे देखकर बहुत खुशी होती थी। कई बार इसमें बदलाव भी करने पड़े, पर जब आप लंबे समय के लिए निवेश करते हैं और लगातार करते हैं, तो रिटर्न भी अच्छा आता है।

इन्वेस्टमेंट का तरीका भी काफी बदल गया है। ऑनलाइन ऐसे बहुत से कोर्स हैं, जो 10,000 से लेकर कई लाखों तक में उपलब्ध हैं। ये आपको हर तरीके से सक्षम बनाते हैं कि आपका पैसा हमेशा बढ़ता रहे और आपको उसे हर दिन मैनेज करने की भी जरूरत नहीं है। इसका मतलब सिर्फ इतना है कि खुद के लिए ऐसे कदम उठाएं, जिससे आप आर्थिक रूप से स्वतंत्र हो सकें और छोटी-बड़ी किसी भी चीज के लिए किसी का मुंह न देखना पड़े।

हमारे आसपास अक्सर ऐसी घटनाएं होती हैं, जब अचानक जिंदगी बदल जाती है और हम दिशाहीन महसूस करते हैं। रिश्तेदार कुछ दिन साथ होते हैं, लेकिन फिर धीरे-धीरे सभी अपने दैनिक जीवन में व्यस्त हो जाते हैं। हर स्थिति के लिए तैयार रहना चाहिए, ताकि समय आने पर आप खुद को संभाल सकें और किसी पर निर्भर न हों।

इस अध्याय के बाद मैं आपको एक टेम्पलेट दे रही हूं जिसे आप इस किताब में भर सकती हैं, और जरूरत पड़े तो किसी की मदद भी ले सकती हैं। इसे पूरा करें ताकि आपके लक्ष्य साफ-साफ आपके सामने हों।

आय, व्यय और लक्ष्य शीट।
Income Expenses And Goal Sheet

1. **मेरा मुख्य वित्तीय लक्ष्य (My Main Financial Goal):**

   यहां लिखें कि आप क्या आर्थिक लक्ष्य प्राप्त करना चाहते हैं।

   ____

   ____

   ____

2. **मेरे लक्ष्य की समय-सीमा (Timeline for My Goal):**

   लक्ष्य को पूरा करने की समय-सीमा तय करें।

   - **अल्पकालिक (Short-Term Goal):** ____________ (तारीख)

   - **मध्यकालिक (Mid-Term Goal):** ____________ (तारीख)

   - **दीर्घकालिक (Long-Term Goal):** ____________ (तारीख)

3. **क्यों? (Why?):**

   इस वित्तीय लक्ष्य को पाने का आपका कारण क्या है? यह आपके उद्देश्य को स्पष्ट करेगा।

4. **मेरी आय और बचत (My Income and Savings):**

स्रोत (Source)	मासिक आय (Monthly Income)	बचत (Savings)
वेतन	₹ _______________	₹ _________
व्यवसाय	₹ _______________	₹ _________
अन्य	₹ _______________	₹ _________
कुल:	₹ _______________	₹ _________

5. **खर्च की योजना (Expense Plan):**

   अपनी मौजूदा खर्चों की सूची बनाएं और तय करें कि कहां कटौती की जा सकती है।

खर्च का प्रकार	मासिक खर्च (Monthly Expense)	कटौती की योजना (Reduction Plan)
किराया/ ईएमआई	₹ _____________	₹ _____________
किराना/दैनिक खर्च	₹ _____________	₹ _____________
मनोरंजन	₹ _____________	₹ _____________
अन्य	₹ _____________	₹ _____________
कुल:	₹ _____________	₹ _____________

6. **निवेश की योजना (Investment Plan):**

   आप अपनी बचत को कैसे निवेश करेंगे? अपनी योजनाएं लिखें।

निवेश का प्रकार	राशि (Amount)	अपेक्षित रिटर्न (%)	समय-सीमा (Duration)
एफडी (Fixed Deposit)	₹ _________	________%	_________
म्यूचुअल फंड	₹ _________	________%	_________
शेयर बाजार	₹ _________	________%	_________
अन्य	₹ _________	________%	_________

7. **आपातकालीन कोष (Emergency Fund):**

   आपात स्थिति के लिए कितनी राशि अलग रखनी है?

   - लक्ष्य राशि: ₹ ___________
   - मौजूदा राशि: ₹ ___________
   - अंतर: ₹ ___________

8. **मेरी प्रगति ट्रैकर (Progress Tracker):**

   अपनी वित्तीय प्रगति का ट्रैक रखें।

तारीख	बचत की गई राशि	निवेश की गई राशि	लक्ष्य के लिए शेष राशि
_________	₹ _________	₹ _________	₹ _________
_________	₹ _________	₹ _________	₹ _________

9. **संभावित बाधाएं (Potential Challenges):**

   आपके वित्तीय लक्ष्यों में कौन-कौन सी बाधाएं आ सकती हैं, और उनका समाधान क्या है?

   बाधा   संभावित समाधान

   __________   __________

   __________   __________

10. **सफलता उत्सव (Celebrate Success):**

    जब आप अपना वित्तीय लक्ष्य पूरा कर लें, तो इसे कैसे सेलिब्रेट करेंगे?

    ____

    ____

    ____

नोट: यह पृष्ठ आपकी आर्थिक योजनाओं को सुव्यवस्थित करने और उन्हें प्रभावी तरीके से प्रबंधित करने में मदद करेगा। याद रखें, अनुशासन और निरंतरता ही वित्तीय स्वतंत्रता की कुंजी है।

जागरूकता - Awareness

जागरूकता ही सफलता का पहला कदम है। यदि हमें पता ही नहीं है कि हमें क्या ठीक करना है, तो कैसे करना है, इसका तो सवाल ही पैदा नहीं होता। बदलाव कठिन है और हमें डराता भी है। खासकर तब जब हम अपने ऊपर इसे सोचते हैं, जैसा कि मैंने पहले उल्लेख किया है, हम सब एक धारा प्रवाह में जीते हैं। हमारी अपनी एक रोज़ की

दिनचर्या होती है, वही हमें चलाती है। हम उसमें इतना सुकून महसूस करते हैं कि उससे बाहर निकलने या उसमें बदलाव लाने से डरते हैं। और इसी कारण, दिमागी जंजाल चलता रहता है और हम अपना पहला कदम उठाने से ही डरते हैं।

अपनी नई दिनचर्या बनाएं - Create Your New Routine

मेन अध्याय 1 में कैसे समय को आपके अनुरूप ढालना है, बताया है। यानी आप अपना प्लानर बनाएं और बहुत ही अनुशासित रूप से उसे फॉलो करें। शुरू-शुरू में थोड़ी परेशानी जरूर आएगी, जो कि स्वाभाविक है, क्योंकि आपने कभी ऐसा किया नहीं है। आप अपने दिमाग में आगे से आगे, एक-एक काम सोचते रहते हैं और वह करते चले जाते हैं। अब जब आप इस तरीके को अपनाएंगे, तभी यह आपकी आदत में आएगा। इसमें थोड़ा समय लगेगा, लेकिन यह एक दिन आपकी आदत में इस तरह शुमार हो जाएगा कि आपको इसके बिना कुछ भी करना असहज महसूस होगा।

अपनी कार्य सूची को पूरा करें
(Complete Your To-Do List)

हमारे पास हर दिन कई काम होते हैं। इनमें से कुछ महत्वपूर्ण होते हैं, कुछ जरूरी और कुछ ऐसे होते हैं जो केवल समय की बर्बादी करते हैं। अगर हम इन्हें सही तरीके से व्यवस्थित करें, तो न केवल हम समय बचा सकते हैं बल्कि तनाव भी कम कर सकते हैं। इस अध्याय में, हम सीखेंगे कि अपनी कार्य सूची कैसे बनाएं और अपने कार्यों को प्राथमिकता देकर अपनी प्रोडक्टिविटी को बढ़ाएं।

कार्य सूची तैयार करें: मेरे हिसाब से आपने अध्याय एक के बाद ही अपनी कार्य सूची बना ली होगी यदि नहीं बनाई है, तो आगे बढ़ने से पहले इसे तैयार कर लें। यह सूची आपको यह तय करने में मदद करेगी कि किस पर ध्यान केंद्रित करना है।

1. **सभी काम लिखें:**

    - अपने दिन, सप्ताह, या महीने में करने वाले सभी कामों की सूची बनाएं।

    - बड़े और छोटे, जरूरी और गैर-जरूरी, हर काम को शामिल करें।

2. **कामों को चार भागों में बांटें:**

    एक कागज लें और उसे चार भागों में बांटें।

चार-भागीय फ्रेमवर्क (4-Phase Framework)

	जरूरी (Urgent)	जरूरी नहीं (Not Urgent)
महत्वपूर्ण (Important)	जरूरी और महत्वपूर्ण (तुरंत करने वाले) - डेडलाइन का काम। - स्वास्थ्य संबंधी आपात स्थिति।	महत्वपूर्ण लेकिन जरूरी नहीं (योजना बनाएं) - करियर प्लान। - एक्सरसाइज। - रिश्ते सुधारना।
महत्वपूर्ण नहीं (Not Important)	जरूरी लेकिन महत्वपूर्ण नहीं (सौंपें) - जैसे - छोटे फोन कॉल, आदि। - दैनिक छोटे काम।	न जरूरी, न महत्वपूर्ण (हटाएं) - सोशल मीडिया। - बेवजह की बातें।

उदाहरणों से समझें

➢ **भाग 1: जरूरी और महत्वपूर्ण (अभी करें)**

जिन्हें तुरंत पूरा करना जरूरी है।

उदाहरण:

- डेडलाइन वाले प्रोजेक्ट।
- स्वास्थ्य संबंधी आपात स्थिति।

➢ **भाग 2: महत्वपूर्ण लेकिन जरूरी नहीं (योजना बनाएं)**

ये काम आपके जीवन में महत्व रखते हैं लेकिन इन्हें तुरंत करने की आवश्यकता नहीं है।

उदाहरण:

- योग करना।
- अपने करियर की योजना बनाना।
- रिश्तों पर ध्यान देना।

➢ **भाग 3: जरूरी लेकिन महत्वपूर्ण नहीं (दूसरों को सौंपें जा सकते हैं)**

ये काम तुरंत करने की मांग करते हैं, लेकिन ये आपके दीर्घकालिक लक्ष्यों से नहीं जुड़े।

उदाहरण:

- छोटे-मोटे फोन कॉल।
- छोटे दैनिक कार्य।

➢ **भाग 4: न जरूरी, न महत्वपूर्ण (हटाएं)**

ये काम न तो तुरंत जरूरी हैं और न ही महत्वपूर्ण।

उदाहरण:

- सोशल मीडिया पर अधिक समय बिताना।
- बेवजह की गपशप।

अपनी कार्य सूची लिखने का स्थान

अब नीचे दी गई तालिका का उपयोग करें और अपनी कार्य सूची को चार भागों में बांटें।

कार्य का नाम	जरूरी (✓/☐)	महत्वपूर्ण (☐/☐)	योजना तिथि	अन्य को सौंपें (☐/☐)
1.				
2.				
3.				
4.				
5.				
6.				
7.				
8.				
9.				
10.				
11.				
12.				
13.				
14.				
15.				

मेरा अनुभव: मेरी गलती से सीखें
(My Experience: Learn From My Mistake)

एक बार मुझे अपनी बेटी, जो विदेश में पढ़ती है, की फीस जमा करनी थी। मुझे लगा, बहुत समय है। लेकिन आखिरी तारीख तक मैंने इसे टाल दिया। जब फीस जमा करने का समय आया, तो बैंक का सर्वर डाउन था। अगले दिन मुझे फाइन के साथ फीस भरनी पड़ी। यह मेरी लापरवाही थी। अगर मैंने इस काम को "जरूरी और महत्वपूर्ण" के रूप में देखा होता, तो समय रहते इसे पूरा कर लेती और तनाव से बच जाती।

मेरा आपसे सवाल (My Question To You)

1. क्या आपने अपनी कार्य सूची ईमानदारी से बनाई?

2. क्या आपने अपनी सूची में से कोई गैर-जरूरी कार्य हटाया?

3. क्या आपकी सूची में ऐसे कोई काम हैं, जिन्हें आप दूसरों को सौंप सकते हैं?

4. क्या आपने भाग 2 (महत्वपूर्ण लेकिन जरूरी नहीं) के कामों के लिए योजना बनाई?

5. क्या आपने यह देखा कि आपका समय कहां बर्बाद हो रहा है?

प्रेरणादायक विचार

"आपका समय, आपके सपनों की नींव है।
इसे सही जगह लगाएं।"

"जरूरी और महत्वपूर्ण कार्यों को प्राथमिकता दें,
बाकी को पीछे छोड़ दें।"

कार्य सूची का सारांश

➢ सभी कार्य लिखें।

➢ कामों को चार भागों में बांटें।

➢ गैर-जरूरी कार्यों को हटा दें।

➢ हर काम के लिए योजना बनाएं।

याद रखें: *"आपके आज के निर्णय, आपके कल का निर्माण करते हैं।"*

महत्वपूर्ण सुझाव (Important Tips)

➢ भाग 2 पर ज्यादा ध्यान दें क्योंकि यही आपके दीर्घकालिक लक्ष्यों को पूरा करने में मदद करेगा।

➢ भाग 4 में आने वाले कार्यों से बचें क्योंकि ये आपका समय बर्बाद करते हैं।

यह कार्य सूची न केवल आपके समय प्रबंधन में मदद करेगा, बल्कि आपको एक नई दिशा और दृष्टिकोण भी देगा।

समय का सदुपयोग (Good Use of Time)

समय एक ऐसा संसाधन है जो एक बार गया तो हमेशा के लिए गया। यह कोई ऐसी नई बात नहीं है, जो सिर्फ मैं ही जानती हूं, हम सब अच्छी तरह से जानते हैं कि जो समय हमने उपयोग नहीं किया, वह हमें दोबारा नहीं मिलेगा। हम उसे जमा करके नहीं रख सकते।

जब तक आप दुनिया के बारे में, खुद के बारे में और अपने काम के बारे में खुले तौर पर नहीं सोचेंगे, आप हमेशा जूझते रहेंगे। इस उलझन में रहेंगे कि आपका समय जाता कहां है। आप क्यों किसी काम के पीछे

इतना भागते हैं कि अंत में लगता है, आपने अपना समय बर्बाद कर दिया?

यदि आप अपना बहुत सारा समय नेटफ्लिक्स, प्राइम वीडियो या डिजनी हॉटस्टार पर बिताती हैं, तो आप खुद से एक सवाल पूछिए: आप कितना पैसा उनके सब्सक्रिप्शन पर खर्च करती हैं? शायद आपका जवाब होगा 500 + 700 + 900, या जो भी आपका पैकेज हो, उसे लिखिए और फिर देखिए यदि आप दिन में 2 घंटे भी इन्हें देखते हैं तो 2 घंटे * 30 दिन = 60 घंटे। इस महीने आप इन 60 घंटों को घटाकर 30 घंटे कर दीजिए, और बचे हुए 30 घंटों में आप कोई ऑनलाइन कोर्स करिए, या कोई ऐसी किताब पढ़िए जिससे आप अपनी योग्यता को बढ़ा सकें। यदि आपको लिखने का शौक है, तो आप उसी समय में किसी विषय पर लिखें। आपको महसूस होगा कि यह करके आपको वेब सीरीज देखने से ज्यादा खुशी मिलेगी। और हां, एक बात तो तय है: जब हम कोई सीरीज देखते हैं, तो एक एपिसोड खत्म करने के बाद दूसरा, फिर तीसरा देखते रहते हैं और पूरी सीरीज एक बार में खत्म करना चाहते हैं, क्योंकि वह हमें मनोरंजन में बांध लेती है। ऐसा करके हम देर रात तक जागते रहते हैं, अगला दिन खराब कर देते हैं, और फिर पूरे दिन कुछ करने की इच्छा ही नहीं रहती। इसलिए, अपने हिसाब से कोशिश करें। फोकस सिर्फ इतना हो कि जितना समय मिले, उसे अपने कार्य और लक्ष्य के लिए खर्च करें। याद रखिए, हमें परफेक्शन/निपुणता की नहीं, प्रैक्टिस की जरूरत है। प्रैक्टिस ही आपको अपने आप परफेक्ट/ निपुण बना देगी।

आपका व्यवहार (Your Behaviour)

अपने आप को इस तरह से बनाएं कि आप हमेशा समाधान का हिस्सा हों, समस्या का नहीं। आपके आसपास का माहौल सकारात्मक होना चाहिए। कोशिश करें कि दोस्तों का ग्रुप भी ऐसा हो, जो सभी अपने सपनों को पूरा करने की तरफ ध्यान देने वाले हों। एक दूसरे को प्रोत्साहित/मोटिवेट करें। दोस्त आपकी खामियों को ठीक करने में भी मदद करते हैं और समय-समय पर आपको याद दिलाते हैं कि आपके पास कितनी प्रतिभा है। ऐसे तीन लोगों के नाम सोचें और उन्हें अपने इस लक्ष्य प्राप्ति के गोल में शामिल करें। आपने जिन नामों को चुना है, आपको अच्छी तरह से मालूम है कि वे भी आपकी ही तरह कुछ नया करने की कोशिश कर रहे हैं। इस बात का जरूर ख्याल रखें। एक दूसरे की मदद से आप सभी बहुत आसानी से अपने सपनों को पा लेंगे और फिर जब ऐसा हो जाए तो उस खुशी का जश्न मनाएं।

कम बोलें, ज्यादा सुनें और बहुत सारे सवाल करें। जब भी आप किसी ऐसी जगह जाएं जहां कोई अपनी सफलता शेयर करने आया हो या कोई ऐसे कार्यक्रम में बैठे हों जिसमें आपको मजा तो आता है पर अभिज्ञता कम है, यहां आप जितने सवाल पूछेंगे, उतना ही आपको इस विषय पर ज्यादा से ज्यादा जानकारी हासिल होगी। कभी भी सवाल पूछते वक्त यह न सोचें कि सामने वाला या बाकी उपस्थित लोग क्या सोचेंगे। आप उनकी तारीफ करते हुए पूछें, "अरे, वाह आपने तो सचमुच मास्टरी कर रखी है। मैं आपसे इस विषय में थोड़ी और जानकारी लेना चाहूंगी।" कई बार हम अपने बच्चों से काफी चीज़ें सीखते हैं। बच्चों से बड़ा कोई दोस्त नहीं होता और वे आपको हमेशा अच्छी राय देंगे। ठीक तरीके से सिखाएंगे। और आपको पता है, यदि

आप अपने आप को आज की दुनिया में ढालते हैं और अपग्रेड करते हैं, तो वे अपने दोस्तों के सामने अपनी मां की तारीफ करते हुए गर्व महसूस करते हैं, ठीक वैसे ही जब आपके बच्चों ने स्कूल के रिजल्ट में टॉप किया था, तो आपको अपनी सहेलियों को बताने में कितनी खुशी हुई थी।

आप किसी से बहुत प्रभावित हैं या फिर कोई ऐसा व्यक्ति जो आपको ज्यादा पसंद नहीं है, और आप ऐसे एक कार्यक्रम में गयी हैं जहाँ वह व्यक्ति भी शामिल होने वाला है, तो आप अपना जजमेंट बाहर दरवाजे पर ही छोड़ कर जाएं।

खूब ध्यान से सुनिए तथा बीच में कोई बाधा न आए, यह सुनिश्चित करें कि आपका फोन साइलेंट हो और आसपास में आप किसी और से कोई और विषय पर चर्चा ना कर रही हों।

बताएं कि आप सुन रहे हैं। यानी जब आप सुनेंगे, तो आपके मन में कुछ सवाल जरूर आएंगे। सवाल पूछने से यह पता लगता है कि अभी तक जो भी बताया गया है आपने उसे ध्यान से सुना है।

आपके सवालों में हमेशा सकारात्मक होनी चाहिए। जब भी हम "किंतु" और "परंतु" का इस्तेमाल करते हैं, तो हम अपने साथ-साथ बोलने वाले/ सिखाने वाले पर भी अविश्वास कर रहे होते हैं। आपके सवाल जानने के लिए कितने भी हो सकते हैं, पर "किंतु मैं ये कैसे कर पाऊंगी" जैसी बातों को खुद से दूर रखें। खुद पर और सिखाने वाले शिक्षकों पर यकीन रखें।

योजना बनाएं तथा अमल करें (Plan And Execute)

आप अपने लक्ष्यों को लिख लें, फिर उन्हें छोटे-छोटे टुकड़ों में बांटें, और उसके बाद आप किस काम को कितना समय देंगी, वह भी तय करें। उदाहरण के तौर पर, यदि आप बहुत अच्छी कुकिंग करती हैं और आपको अपनी एक रेसिपी बुक बनानी है या फिर बनाते वक्त रिकॉर्ड करके यूट्यूब पर डालनी है, तो आपका लक्ष्य होगा "रेसिपी वीडियोस फॉर यूट्यूब"।

अब आप इस काम को छोटे-छोटे हिस्सों में विभाजित करें, जैसे कि:

1. काम

2. समय

3. तारीख

मान लीजिए, काम है – "पर्सनल यूट्यूब चैनल बनाना"। अब आपको इस कार्य को पूर्ण करने के लिए इसे छोटे-छोटे कई हिस्सों में बांटना होगा:

1. उसका नाम सोचना है।

2. सारी रेसिपी की लिस्ट बनानी है।

3. अलग-अलग कैटेगरी में उन्हें डालना है, जैसे कि सुबह का नाश्ता, इवनिंग स्नैक्स।

4. पहले सभी रेसिपी को लिखना है।

5. वीडियो बनाने के लिए मोबाइल का कोई स्टैंड रखना है या आपको किसी की रिकॉर्डिंग में मदद चाहिए, उसे ढूंढ निकालना है।

6. पहले वीडियो बनाएं, उसे खुद देखें और सोचें कि क्या गलत हुआ, फिर ठीक करें।

7. जब आपको लगे कि ठीक है, तो बच्चों को और अपने दोस्तों को जो ग्रुप बनाया है, उन्हें भेजें। अगर सब कुछ ठीक है, तो आप तैयार हैं अपनी पहली रेसिपी के साथ।

8. अब वीडियो को यूट्यूब पर अपलोड करना है।

9. उसकी सारी सेटिंग ठीक करनी है। यदि आपको आता है, तो आप खुद कर सकती हैं, या फिर आप किसी की मदद से सीख लें। एक-दो बार में आप एक्सपर्ट हो जाएंगी, फिर यह आपको बिल्कुल आसान लगेगा।

10. अपने जितने भी दोस्त और रिश्तेदार हैं, उन्हें ग्रुप में बताएं और चैनल को सब्सक्राइब करवाएं।

इस तरह, आप जो भी करना चाहती हैं, उसे प्लान कर लें। आप बहुत आसानी से अपने लक्ष्य तक पहुंच जाएंगी, आपको पता ही नहीं चलेगा।

सामाजिक दायित्व (Social Responsibilities)

हम सब समाज का एक महत्वपूर्ण हिस्सा हैं। समाज के सारे कार्यक्रमों में हम जाते हैं और जाना ही चाहिए। कुछ न कुछ होता ही रहता है। यहां आपको अपना एक दायरा बनाना चाहिए, समय पर पहुंचे और समय पर ही निकलें। कार्यक्रम खत्म होने के बाद भी वहां पर अपना समय जाया ना करें। कभी-कभी हमें लगता है कि हमें सबसे मिलना चाहिए, तो यह अलग बात है, पर ज्यादा समय न लगाएं। कुछ लोग 6:00 बजे बुलाते हैं और कार्यक्रम शुरू करते हैं 8:00 बजे। ऐसे में जो समय पर पहुंचे हैं, उनके 2 घंटे बर्बाद हो जाते हैं। अब जाने से पहले

एक बार पक्का कर लें कि सब कुछ ठीक समय पर चल रहा है या फिर आमंत्रित करने वालों को भी पूछ सकते हैं। यदि आप समय पर पहुंचे और आपके पास एक घंटे का ही समय था, कार्यक्रम देखने की इच्छा भी पूरी नहीं हुई और तैयार होकर आने-जाने का समय भी बर्बाद हुआ। हर जगह खुद न जाएं; कभी-कभी बच्चों को या घर के किसी अन्य सदस्य को भेज दें। कौन क्या कहेगा, जैसी बातों पर कतई ध्यान न दें।

परिवर्तन को स्वीकारें (Accept Changes)

परिवर्तन ही संसार का नियम है और यही शाश्वत सत्य है। यह तो भगवत गीता में भी लिखा है। हमारी उम्र के साथ-साथ जमाना भी बदल गया है और काम करने के तरीके भी। जो भी पहले हुआ करता था, वह अब काफी अलग तरीकों से होने लगा है। यहां तक कि बच्चों को पालने के तरीके भी बदल गए हैं। कई बार हम अपने सामने बहू-बेटियों को ही आसपास किसी को बच्चों को बड़ा करते हुए देखते हैं, तो किसी न किसी कार्य को करता हुआ देखकर या तो टोक देते हैं या फिर अगर कुछ नहीं बोल पाए, तो भी मन ही मन में कुढ़ते जरूर हैं। क्योंकि हम यह सोचते हैं कि यह काम जैसा हम करते थे, वही सही तरीका था और बाकी सब हमें गलत ही लगता है। पर ऐसा नहीं है। कई बार बच्चों को हमारी सलाह की जरूरत पड़ती है, पर कई बार हम बीच में यूं ही बोल पड़ते हैं, जो कि उचित नहीं है। सलाह आवश्यकता पड़ने पर ही दें, वरना उसे अन्यथा भी लिया जा सकता है, जो कि हमें पता भी नहीं चलता। यह दूरियों का बड़ा कारण बन जाता है। यह सिर्फ एक उदाहरण है; परिवर्तन और भी कई तरीकों से होते हैं, जिनमें से कुछ मैं यहां बताने की कोशिश कर रही हूं।

अपने आप को समय के हिसाब से अपग्रेड करें। हर वह विषय या चर्चा जो रोजाना आपके घर में आसपास होती है, उसके बारे में बारे में जानकारी अवश्य रखें, ताकि समय आने पर आप चार लोगों के बीच बात कर सकें और सामने वालों पर अपनी छाप छोड़ सके। बच्चे बड़े हो चुके हैं, इसीलिए हमारी जिम्मेदारी बनती है कि वह अपने दोस्तों से मिलवाते वक्त असहज महसूस न करें।

आज की दुनिया में जिएं, ना कि हर बात पर कहें "हमारे जमाने में तो ऐसा ही होता था।" अपने समय का ठीक तरह से उपयोग करते हुए, अपना बनाया हुआ शेड्यूल बच्चों तथा पति के साथ शेयर करें, ताकि आपकी कार्यकारिणी तथा उपलब्धता का उन्हें संज्ञान रहे। क्योंकि आप हमेशा ही उन सबके लिए उपलब्ध रही हैं, तो वे आज भी ऐसी अपेक्षा रखते हैं कि "भाई, चलो, यह तो है ही, कभी भी मिल जाएगी या जो कहेंगे, कर देगी।" इस परिवर्तन को समझने में सभी को थोड़ा वक्त लगेगा। आपका हर वक्त उपलब्ध न होना उनके लिए थोड़ा निराशा का कारण हो सकता है, और किसी को बुरा भी लग सकता है। इसलिए अपने बदलाव को फिर से पुरानी स्थिति में जाने से रोकें और चीजों को व्यवस्थित कर दें ताकि एक बार बैठकर बात करते ही सब आपके जीवन जीने की नई शैली का स्वागत करें।

अपने लक्ष्य से अपने परिवार, पति तथा बच्चों को अवगत (Align) करें ताकि आप अपने अवचेतन मन में किसी तरह की कुंठा ना रखें और आपको सबका साथ भी मिले। इससे आप अपने सपनों की ओर आसानी से अग्रसर हो सकेंगे। जो बच्चे छोटी-छोटी बातों को भी बड़े उत्साह से आपको बताते थे, वह अक्सर बड़ी-बड़ी बातें आपसे छुपा लिया करते हैं या यूं कहें कि बात नहीं कर पाते, क्योंकि उन्हें लगता है आप नहीं समझेंगी और उन्हें आपका जवाब भी पता होता है। अपने

विचारों को जमाने के हिसाब से बदलें तथा उनकी चाहत के अनुसार जवाब देकर उन्हें चौंका दें। धीरे-धीरे वह फिर से आपके करीब आ जाएंगे। समय देखकर अच्छे-बुरे की सलाह जरूर दें, क्योंकि यदि कुछ गलत है जो बच्चे आज नहीं देख पा रहे हैं, तो उन्हें आगाह करना भी हमारा ही काम है।

अनुशासन संयम और निरंतरता

अनुशासन, संयम और निरंतरता पर प्रेरणादायक वाक्य:

1. "अनुशासन वह पुल है जो आपके लक्ष्यों और सफलता के बीच का फासला तय करता है।"

2. "संयम वह शक्ति है जो आपको भटकने से रोकती है और सही रास्ते पर बनाए रखती है।"

3. "निरंतरता छोटे-छोटे प्रयासों को बड़ी उपलब्धियों में बदलने की जादुई कुंजी है।"

4. "अगर आपके जीवन में अनुशासन और संयम है, तो कोई भी मंजिल दूर नहीं।"

5. "हर दिन का छोटा कदम, निरंतरता के साथ, बड़े सपनों को हकीकत बना देता है।"

6. "संयम और अनुशासन के साथ किया गया हर प्रयास आपको सफलता के एक कदम करीब ले जाता है।"

7. "निरंतरता का मतलब है हार न मानना, चाहे रास्ता कितना भी कठिन क्यों न हो।"

8. "अनुशासन वह आदत है जो आपकी कड़ी मेहनत को आपकी पहचान बनाती है।"

9. "संयम से आप असंभव को संभव बना सकते हैं और निरंतरता से उसे स्थायी कर सकते हैं।"

10. "सपने देखना आसान है, लेकिन उन्हें पूरा करने के लिए अनुशासन और निरंतरता जरूरी है।"

अनुशासन, संयम, और निरंतरता तीनों मिलकर आपको आपके सपनों तक ले जाते हैं।

जब हम अपनी दिनचर्या में अनुशासन लाते हैं, तो हमें अपनी प्राथमिकताओं को समझने और सही दिशा में आगे बढ़ने का मौका मिलता है। यह हमें अपने समय का सही उपयोग करने में मदद करता है, ताकि हम अपने सपनों को साकार कर सकें।

जब आप अपने आप को बदलने की कोशिश कर रहे हैं, आपके आसपास का माहौल बदल रहा है, और आपके लिए जो लोग आपके आसपास रहते हैं, उनके लिए आपके समय के मायने बदल रहे हैं, ऐसे में संयम रखें। क्योंकि आप हो या आसपास के लोग, सभी को किसी भी तरह के बदलाव को स्वीकारने में समय लगता है।

जब हम हर दिन अपने लक्ष्य की ओर थोड़ा-थोड़ा काम करते हैं, तो हम अपनी मेहनत और समर्पण के साथ एक ठोस प्रगति करते हैं।

कभी-कभी रास्ते में चुनौतियाँ आ सकती हैं, लेकिन अनुशासन हमें सही दिशा में आगे बढ़ने में मदद करता है। इसे अपने जीवन में अपनाने से हम न केवल अपने लक्ष्यों को हासिल कर सकते हैं, बल्कि खुद पर विश्वास भी बढ़ा सकते हैं। याद रखें, सफलता की सीढ़ी पर चढ़ने के लिए पहला कदम अनुशासन और निरंतरता है। हर दिन एक नया

मौका है; अपनी मेहनत से अपने सपनों को सच करें।

मार्गदर्शक / सलाहकार/ गुरु

गुरु सिर्फ एक गाइड नहीं होते, वे प्रेरणा और समर्थन का स्रोत होते हैं। वे अपने अनुभव और ज्ञान को साझा करते हैं, जिससे आप चुनौतियों और अनिश्चितताओं का सामना कर सकें। एक अच्छा गुरु आपकी क्षमता को पहचानता है और आपको अपने सपनों के लिए आगे बढ़ने के लिए प्रोत्साहित करता है, साथ ही आपको महत्वपूर्ण सुझाव भी देता है।

अच्छा मार्गदर्शक आपके व्यक्तिगत और पेशेवर विकास में बड़ा फर्क डाल सकते हैं। वे आपको उन उपकरणों और रणनीतियों से सुसज्जित करते हैं, जो बाधाओं को पार करने में और नए कौशल और दृष्टिकोण विकसित करने में मदद करते हैं। सलाहकार अच्छे सुनने वाले भी होते हैं, जिससे आप अपने विचार और भावनाएं बिना किसी हिचक के व्यक्त कर सकते हैं, जो आपके आत्मविश्वास को बढ़ाते हैं ।

गुरु सिर्फ मदद ही नहीं करते, बल्कि वे आपको यह भी सिखाते हैं कि दूसरों की मदद करना कितना महत्वपूर्ण है। इस तरह, आप भी दूसरों के लिए एक मार्गदर्शक बन सकते हैं।

इस अध्याय को पढ़ने के बाद आप अपनी ज़िंदगी में कौन सा बदलाव लाना चाहते हैं? अपनी सोच को यहाँ लिखें और इसे एक योजना का रूप दें।

इस अध्याय को पढ़ने के बाद आप अपनी ज़िंदगी में कौन सा बदलाव लाना चाहते हैं? अपनी सोच को यहाँ लिखें और इसे एक योजना का रूप दें।

"अब?"

अध्याय 6

जारी रखें

समाज को वापस देना (Giving Back to Society)

हम सब सामाजिक रूप से एक दूसरे से जुड़े हैं। समाज हमें पहचान देता है सुरक्षा देता है। हमारा फर्ज है कि हम हमेशा समाज को कुछ ना कुछ लौटाएं। सामाजिक दायित्वों का निर्वाह करना और समाज को आगे बढ़ाना भी हमारा कर्तव्य है। जो भी आपका हुनर है या प्रतिभा है, उसे ऐसे लोगों के साथ साझा करें जो सीखने की इच्छा रखते हैं। कुछ क्लासेस आयोजित करें और लोगों की जिंदगी में वैल्यू ऐड करें। अपने अनुभव शेयर करें, उन्हें बताएं कि आप किस परेशानी से जूझ रही थीं और उससे कैसे बाहर निकलीं। आप गांव में जाकर महिलाओं से पूछें कि उन्हें रोज़ की जिंदगी में किन कामों को करने में परेशानी आती है। आजकल तो गांव में भी ज्यादातर लोगों के पास स्मार्टफोन है, पर उन्हें सब कुछ चलाना नहीं आता। छोटी-छोटी चीज़ें आप उन्हें कभी-कभार जाकर सिखाएं, तो उन्हें आपका इंतजार रहेगा और आपकी प्रतिभा लोगों तक पहुंचेगी, ना कि आपके साथ ही खत्म हो जाएगी। जब हम खुद अपने प्रयास से किसी को कुछ सिखाते हैं, तो उनके चेहरे की खुशी हमारे चेहरे पर भी मुस्कान लाएगी।

सामूहिक चर्चा (Group Discussion)

एक बार कहीं सभी दोस्तों के साथ मिलकर एक बहुत ही सुंदर और हेल्दी-सा डिस्कशन करें। पूरी योजना बनाकर जाएं और उस मीटिंग का नेतृत्व करें। आपके पास कुछ पहले से तय किए हुए विषय होने चाहिए। सभी को पहले से ही सूचित करें कि वे अपनी अपनी डायरी और पेन लेकर आएं, लेकिन उन्हें कुछ और ना बताएं।

जब सभी इकट्ठा हो जाएं, तब आप उनके सामने अपनी बातें रखें:

1. **समय निर्धारित करें:** आप सभी को केवल 10 मिनट का समय दें। इंस्ट्रक्शन देने के बाद टाइमर चालू कर दें।

2. **लिखने का समय:** सभी को अपने सपने और लक्ष्य लिखने के लिए कहें—जो भी वे जिंदगी में करना चाहते हैं। बिना रुके 10 मिनट तक जो भी दिमाग में आए, वो लिखें।

3. **रोके जाने का कारण:** फिर से 10 मिनट का टाइमर चालू करें और उनसे पूछें कि उन्हें अपने सपनों को पूरा करने से कौन रोक रहा है या क्या रोक रहा है। अब तक वे अपने लक्ष्य की ओर आगे क्यों नहीं बढ़ पाए?

4. **सपनों की चर्चा:** सभी एक-एक करके अपनी हॉबीज़ और सपनों के बारे में बताना शुरू करेंगे। वे बताएंगे कि वे कौन सा सपना कैसे पूरा करना चाहते हैं, और क्या उन्होंने अब तक कुछ सोचा है। कुछ लक्ष्य ऐसे भी होंगे जो एक निश्चित समय तक पूरे हो जाएंगे और कुछ ऐसे होंगे जो वे रोज़ करना पसंद करेंगे।

5. **समान सोच वाले लोग:** ऐसे लोगों को एक साथ रखें जिनकी सोच समान हो। कुछ ऐसे लोग भी हों जो चर्चा करना चाहते हैं, लेकिन

शर्मिंदगी या हीनता के कारण पीछे रह जाते हैं। आपको लगता है कि आप सब मिलकर उन्हें आगे ला सकते हैं।

6. **मदद और प्रोत्साहन:** इनमें से कई लोग यह जानते हैं कि उन्हें क्या करना है, लेकिन यह नहीं जानते कि कैसे करना है। आप सब मिलकर उनकी मदद करें और पूरी योजना बनाएं। उसके बाद हर हफ्ते कुछ देर के लिए कहीं मिलें और यह देखें कि किसने अब तक क्या किया। इससे आप एक-दूसरे को प्रोत्साहित करेंगे, और धीरे-धीरे सभी अपने लक्ष्य तक पहुंच जाएंगे। फिर आप सब मिलकर सेलिब्रेट कर सकते हैं।

7. **ऊर्जा और जोश:** जब आप किसी काम में होते हैं, तो आपका दिमाग और शरीर दोनों सक्रिय होते हैं। आप में एक अलग ऊर्जा और जोश होता है। जब आप खाली बैठते हैं या ऐसा काम करते हैं जो आपको नापसंद है, तो आप खुद को निढाल सा पाते हैं। हमारा दिमाग 10 बहाने बनाना शुरू कर देता है। नापसंद वाले काम हमें कम उत्पादक बनाते हैं, और इस स्थिति में हमारा दिमाग केवल शरीर को एक मशीन की तरह काम करने के लिए मजबूर करता है।

गुरुत्वाकर्षण का नियम (Law of Gravity)

जब किसी चीज़ को शिद्दत से चाहो, तो सारी कायनात आपको उससे मिलाने में लग जाती है। यह हम सबने सुना है। इसे 'लॉ ऑफ अट्रैक्शन' यानी कि गुरुत्वाकर्षण का नियम कहते हैं। पर क्या आपने कभी यह जानने की कोशिश की है कि यह आकर्षण शक्ति कैसे काम करती है? यूनिवर्स यानी ब्रह्मांड वह शक्ति है जो आपकी हर इच्छा को पूरा कर सकती है। यह बात आपको कई किताबों में मिल जाएगी, पर

आपको यह भी जानना जरूरी है कि इसे आपके लिए कैसे काम करवाना है।

हम जाने-अनजाने अपनी बातों में नकारात्मक शब्दों का प्रयोग करते रहते हैं। हमें पता ही नहीं चलता कि कब ये हमारी ज़िंदगी की हकीकत बन जाते हैं। जैसे कि हम बातों-बातों में कहते हैं, "यार, मेरे यहां तो काम करने वाले टिकते ही नहीं," या "मेरे हाथ में तो पैसा रहता ही नहीं," या "यार, आजकल तो तबीयत ही ठीक नहीं रहती," "मेरे तो घुटनों में हमेशा ही दर्द रहता है," "मेरे पति के पास मेरे लिए समय ही नहीं रहता," इस तरह की कई बातें हम दिन भर में करते हैं।

जब भी हम ऐसी बातें करते हैं, हमें यह पता ही नहीं चलता कि जाने-अनजाने हमने ऐसी बातें करके इन्हीं को अपने जीवन में आकर्षित किया है। हमारे साथ यही होता रहता है, क्योंकि अक्सर हम सभी की ज़िंदगी में ये आम बातें होती हैं, और इस तरह की सोच हमारी ज़िंदगी में बिना किसी आहट के शामिल हो चुकी है। हम जैसा सोचते हैं, वैसा बनते हैं।

अब हमें हमारी सोच में, हमारे दैनिक दिनचर्या में, और हमारी बातों में बदलाव लाना होगा। हमारी हर बात सकारात्मक होनी चाहिए। ब्रह्मांड में इतनी शक्ति है कि आप जो चाहे, वह पा सकते हैं। हमें मांगना आना चाहिए। उदाहरण के तौर पर, हम यह चाहें कि हमें 10 लाख रुपए चाहिए। हमने मांग तो लिया, लेकिन साथ ही साथ हमारे मन में एक शंका आ गई, "यार, कुछ तो करती नहीं, 10 लाख रुपए कैसे आ जाएंगे?" और इतना कैसे मिलेगा। लेकिन यह ब्रह्मांड के लिए केवल एक बिंदु मात्र है।

"अब?"

ब्रह्मांड से कुछ भी मांगने के सिर्फ तीन नियम हैं जो आपको मालूम होने चाहिए:

1.   Ask - चाहना

2.   Believe - यकीन करना

3.   Receive - पाना

बस, आपको इतना ही करना है! कैसे होगा, यह आपको नहीं सोचना; उसे आकर्षण के नियम पर छोड़ दीजिए।

आकर्षण का नियम कब काम नहीं करता, यह भी बताती हूं। मान लीजिए कि हमने मेनिफेस्टेशन शुरू किया है। हम सुबह उठकर कहते हैं कि "मैं बिल्कुल स्वस्थ हूं, धन्यवाद, धन्यवाद," लेकिन दिन भर लोगों से मिलते हैं। और कोई भी पूछता है कि आप कैसे हैं, तो आप कहते हैं कि "आजकल तो तबीयत ठीक ही नहीं रहती," "कमर में हमेशा ही दर्द रहता है," या ऐसा ही कोई नकारात्मक जवाब देते हैं। तो आकर्षण का नियम काम नहीं करता, क्योंकि आपने मांगा तो था, पर यकीन नहीं किया कि आप सचमुच स्वस्थ हैं, और आपने उसे पाने का इंतजार तक नहीं किया।

आपको अपनी रोज़ की भाषा और बोलचाल में परिवर्तन लाना होगा। हमेशा सकारात्मक शब्दों का प्रयोग करना होगा।

दूरदर्शिता (Visualise)

दूरदर्शिता एक ऐसी कला है जिसमें आंखें बंद करके आप अपने सपनों को पूरा होते हुए देख सकते हैं, और आप क्या देख रहे हैं, यह किसी को पता भी नहीं चलता।

जब आप ब्रह्मांड से कुछ मांग रहे हैं, तो आपको यह सोचना है कि यह वस्तु आपको मिल चुकी है। और आपको उसे पाने के बाद जो खुशी होती है, उसे महसूस करना है। आपको आंखें बंद करके सिर्फ यही देखना है कि आपको अपनी इच्छित वस्तु मिल चुकी है और आप कितने खुश हैं। आप सबके साथ अपनी खुशी को सेलिब्रेट कर रहे हैं।

इसके लिए मैं आपको दो किताबें पढ़ने की सलाह दूंगी, जो आपको इस प्रक्रिया को काफी अच्छी तरह से समझने में मदद करेंगी। ये पुस्तकें हिंदी और अंग्रेजी दोनों भाषाओं में हैं:

1. The Magic - जादू- By Rhonda Byrne

2. Secret - रहस्य- By Rhonda Byrne

विज़न बोर्ड का उद्देश्य और निर्माण प्रक्रिया

विज़न बोर्ड बनाने का उद्देश्य (Purpose of Vision Board)

विज़न बोर्ड एक प्रेरणादायक उपकरण है जो आपके जीवन के लक्ष्यों और सपनों को विजुअल तरीके से प्रस्तुत करता है। यह न केवल आपके सपनों को स्पष्ट करता है, बल्कि उन्हें साकार करने की दिशा में आपकी सोच को भी दिशा देता है।

विज़न बोर्ड के उद्देश्य:

1. **लक्ष्य को स्पष्ट करना:**

    - विज़न बोर्ड आपको यह समझने में मदद करता है कि आप जीवन से क्या चाहते हैं।

2. **प्रेरणा और ध्यान बनाए रखना:**

    - इसे रोज़ देखने से आपकी ऊर्जा और प्रेरणा बढ़ती है।

3. **सकारात्मक सोच को बढ़ावा देना:**

    - विज़न बोर्ड आपको हर दिन सकारात्मक सोच के साथ आगे बढ़ने में मदद करता है।

4. **कामों को दिशा देना:**

    - यह आपके प्रयासों को आपके लक्ष्य के अनुरूप बनाता है।

विज़न बोर्ड बनाने की प्रक्रिया
(Creation Process of Vision Board)

1. **अपने लक्ष्यों को पहचानें:**

    - सबसे पहले सोचें कि आप जीवन के किन क्षेत्रों में सुधार या उपलब्धि चाहते हैं।

    उदाहरण:

    - स्वास्थ्य: एक फिट शरीर, योग और मेडिटेशन।

    - धन-संपत्ति: घर खरीदना, आर्थिक स्वतंत्रता।

    - यात्रा: दुनिया के अलग-अलग देशों की सैर।

    - रिश्ते: परिवार के साथ मजबूत संबंध, अच्छे दोस्त।

2. **सामग्री तैयार करें:**

    - एक बड़ा चार्ट पेपर, बोर्ड, या फोम शीट।

    - रंगीन कागज़, पुरानी पत्रिकाएं, प्रिंटेड तस्वीरें।

    - कैंची, गोंद, और रंगीन पेन।

    - आपके प्रेरणादायक शब्द।

3. **चित्र और शब्द चुनें:**

- पत्रिकाओं या इंटरनेट से ऐसे चित्र खोजें जो आपके लक्ष्यों को दर्शाति हों।

- अपने लक्ष्य से जुड़े प्रेरणादायक वाक्य लिखें।

उदाहरण:

- "मैं स्वस्थ और खुशहाल हूँ।"

- "मैं आर्थिक रूप से स्वतंत्र हूँ।"

4. **अपने बोर्ड को व्यवस्थित करें:**

- **बोर्ड को चार हिस्सों में बांटें:**

    1. स्वास्थ्य (Health): योग, व्यायाम, और पौष्टिक भोजन।

    2. धन-संपत्ति (Wealth): घर, गाड़ी, और बचत।

    3. यात्रा (Travel): पहाड़, समुद्र, और ऐतिहासिक स्थल।

    4. रिश्ते (Relationships): परिवार, दोस्त, और प्रेरक लोग।

- **हर हिस्से में संबंधित चित्र और शब्द चिपकाएं।**

5. **इसे अपनी जगह पर लगाएं:**

- विज़न बोर्ड को ऐसी जगह रखें जहां आप इसे रोज़ देख सकें, जैसे आपकी वर्कस्पेस की दीवार या बेडरूम।

6. **नियमित समीक्षा करें:**

- समय-समय पर अपने विज़न बोर्ड को देखें और यह तय करें कि आप अपने लक्ष्यों की ओर कितना आगे बढ़ रहे हैं।

- अगर कोई नया सपना या लक्ष्य आता है, तो उसे बोर्ड में जोड़ें।

महत्वपूर्ण सुझाव

> अपने विज़न बोर्ड को जितना संभव हो उतना व्यक्तिगत बनाएं।

> इसमें केवल वही जोड़ें जो आपको वास्तव में प्रेरित करता है।

> इसे रंगीन और आकर्षक बनाएं ताकि आप इसे देखने में उत्साहित महसूस करें।

यह मैंने कुछ उदाहरण दिए हैं। आप अपने सपनों के हिसाब से इसमें कुछ भी लिख सकते हैं। इसे रोज़ देखें और यह महसूस करें कि आपकी सारी इच्छाएं पूरी हो चुकी हैं और आप उस खुशी को महसूस कर रहे हैं। जब-जब आपका कोई सपना पूरा हो जाए, तो ईश्वर का आभार व्यक्त करें।

जब मैंने अपना विज़न बोर्ड बनाया था, तो उसमें मैंने अपनी सालों की इच्छा को शामिल किया था – अमिताभ बच्चन जी से मिलने की। मैंने इसे केवल एक सपना मानकर लिखा था। लेकिन हैरानी की बात यह है कि महज 9 महीने के भीतर मुझे केबीसी में जाने का मौका मिला, जिसकी मैंने कभी कल्पना भी नहीं की थी। वहाँ, मैं अमिताभ बच्चन जी के करीब खड़ी थी और उनके साथ फोटो खिंचवाना मेरे लिए किसी सपने के सच होने जैसा था। यह पल मेरी ज़िंदगी के सबसे यादगार पलों में से एक बन गया।

कल्पनात्मक दृष्टिकरण (विजुअलाइजेशन) की ताकत को समझाने के लिए मैं आपको अपने सच हुए सपने का एक और उदाहरण देती हूँ। जब मैंने अपना बिज़नेस कोचिंग कोर्स पूरा किया, तो मैंने अपने कोच के लिए एक कविता लिखी थी। हमारी आखिरी क्लास दिल्ली में होने वाली थी, जिसमें 250 व्यवसायी शामिल थे।

क्लास से तीन दिन पहले, मैं रोज़ सुबह अपनी छत पर जाकर आँखें बंद करके यह कल्पना करती थी कि मैं मंच पर खड़ी होकर वह कविता पढ़ रही हूँ। कविता खत्म होते ही हाल में मौजूद सभी लोग खड़े होकर तालियां बजा रहे हैं।

आप यकीन नहीं करेंगे, जो मैंने अपनी आँखें बंद करके देखा था, हकीकत उससे भी ज्यादा खूबसूरत निकली। जब मैंने कविता पढ़ी, तो न केवल मेरे कोच बल्कि पूरे हॉल ने खड़े होकर ज़ोरदार तालियां बजाईं। "आप मेरे यूट्यूब चैनल पर जाकर इसे देख भी सकते हैं ताकि आपको यकीन करने में आसानी हो"

उस दिन मैंने विजुअलाइजेशन की अद्भुत ताकत को महसूस किया। यह सच में काम करता है, बशर्ते आपके मन में कोई संशय न हो और आप पूरी शिद्दत से अपने सपने पर विश्वास करें।

विज़न बोर्ड और सकारात्मक कल्पना केवल एक शुरुआत है। इसे साकार करने के लिए आपके प्रयास और दृढ़ निश्चय भी उतने ही जरूरी हैं।

आभार (Gratitude)

अगर कोई आपकी किसी अच्छी आदत या किसी अचीवमेंट के लिए तारीफ करता है, तो उसे आभार के साथ स्वीकार करें। जब कोई ऐसा करता है, तो हम अक्सर "अरे, बस ऐसे ही," या "ऐसी कोई बात नहीं," या "आप तो खामखा तारीफ कर रहे हैं" जैसे जवाब देते हैं, या सिर्फ मुस्कुराकर छोड़ देते हैं। हम सभी समाज से जुड़े हैं और हमेशा यह उम्मीद करते हैं कि हमारे प्रयासों को स्वीकार किया जाए। कोई हमारी तारीफ करे और हमें समाज से पहचान मिले। तो जब कोई आपकी तारीफ करे, उसे दिल से स्वीकार करें।

अपनी किसी भी स्किल को इतनी अच्छी तरह डेवलप करें कि उसके बारे में अगर किसी को राय या सलाह चाहिए हो, तो सिर्फ आपका ही नाम पहले आए। और आप पूरी शिद्दत से दूसरों को सिखाएं जो कुछ आपके लिए बेस्ट पॉसिबल है। जगह-जगह जाकर अपनी तारीफ न करें कि "मैंने ही उसे सिखाया है," ऐसी बातें आपको छोटा करती हैं। आपके द्वारा किये गए कार्यों की लोगों को खुद बात करने दीजिए, वे खुद ही आपका सम्मान करेंगे और आपको पहचान तथा रुतबा मिलेगा।

हमें बिना मांगे ही कितना कुछ मिला है, जिसके लिए हमें हमेशा आभार व्यक्त करना चाहिए। कई चीजें, जिन्हें हम बहुत आसानी से प्राप्त कर लेते हैं, उनकी हमें कद्र नहीं होती। जब आप छोटी-छोटी चीजों के लिए आभार व्यक्त करने लगेंगे, तो वही चीजें घूमकर आपके पास वापस आएंगी।

मकसद (Purpose)

कई बार हम कुछ काम सिर्फ इसलिए करते रहते हैं कि "कुछ नहीं से कुछ तो अच्छा है," हालांकि हम उसे पसंद नहीं करते। यदि आप दृढ़ इच्छाशक्ति से ऐसे कामों को करना बंद कर सकते हैं, जिन्हें आप करने में कोई खुशी या संतोष नहीं महसूस करते, तो आप अपने आप को प्रोडक्टिव बना सकते हैं। नया कुछ सोचने के लिए आपके पास ज्यादा समय होगा। ठीक से सोचकर किसी दूसरे लक्ष्य को चुनें। जब हमारे सामने कोई लक्ष्य नहीं होता, तो हमारी कमज़ोरियाँ बहुत प्रबल होती है और हमारा व्यवहार और नजरिया आसपास की चीजों के लिए बदल जाता है। जब हम अंदर से *खुश* होते हैं, तो हम अपने चारों ओर खुशियां ही बुनते हैं। हमारा एक लक्ष्य हमेशा होना चाहिए जिससे हम उत्साहित रहें।

आपके हर सपने का आपकी जिंदगी का एक उद्देश्य होना चाहिए। कुछ भी शुरू करने से पहले अपने आप से कई बार सवाल पूछें कि आखिर आप इस काम को क्यों करना चाहते हैं? क्या यह आपको खुशी देगा? क्या यह आप में आत्मविश्वास भरेगा? क्या यह आपको पहचान देगा? क्या यह आपको अपने सपने तक पहुंचने में मदद करेगा? क्या यह दूसरों की जिंदगी में वैल्यू ऐड करेगा? क्या आप सचमुच यह करना चाहते हैं? पूरी तरह से आश्वस्त होकर ही कार्य शुरू करें? क्या आप जानते हैं सबसे बड़ी बर्बादी क्या होती है? जब हम किसी भी काम को शुरू करते हैं और बिना पूरा किए हुए छोड़ देते हैं। इससे आप अपना समय, ऊर्जा, और सारे प्रयास सब कुछ बर्बाद कर रहे हैं। इसलिए जितने भी सवाल मन में आए, अधिक से अधिक खुद से करें ताकि आप फिर उसे अधूरा छोड़कर समय बर्बाद न कर सकें। कभी-कभी जब आप पीछे मुड़कर देखते हैं, तो मन ग्लानि से भर उठता है कि ऐसे कई काम, जो आपने अपनी मर्जी से शुरू किए, उनमें अपने पूरे प्रयास डालकर किसी भी कारण से उन्हें पूरा नहीं कर पाए।

जब आप कुछ भी नहीं करते, तो आप अपने दोस्तों और समाज में जाने पर एक तनाव सा महसूस करते हैं। आपको हमेशा "फोमो" यानी "आउट ऑफ द प्लेस" लगता है, और आप सभी की बातों में भाग नहीं ले पाते। आपको लगता है कि आप कुछ नहीं जानते। अगर कुछ कह दिया और गलत हो गया, तो लोग हंसेंगे। लेकिन आपको एक बात बताऊं, आप जितने सवाल पूछेंगे, आप कुछ न कुछ सीखेंगे। कभी भी आप अपने से ज्यादा होशियार लोगों के ग्रुप में रहिए ताकि आप सीख सकें और अपने आप को अपग्रेड कर सकें। आपके कुछ ऐसे दोस्त होंगे, जिनके पास आपसे भी कम ज्ञान है, तो वहां आपको अपने आप को स्मार्ट दिखने का मौका तो मिलेगा, पर आप कुछ सीख नहीं पाएंगे।

और हो सकता है कि लोग आपको घमंडी समझें या पीछे से कहें, "बड़ी तीस मार खान बनती है।" मैं कहूंगी कि कुछ दोस्त हों, पर ऐसे हो जो हमेशा आपको आगे की ओर ले जाने के लिए अग्रसर हों, ना कि आपकी टांग खींचें। हमेशा आपकी जवाबदेही लें ताकि आप सब एक-दूसरे को मोटिवेट कर सकें। जब आपको कोई पूछता है हर दिन या बीच-बीच में, तब आपको कहीं ना कहीं जवाब देने के चक्कर में काम को खत्म करना ही पड़ेगा। और यह अच्छी बात है। ऐसे दोस्तों को धन्यवाद देना न भूलें। आभार आपको बहुत ऊपर ले जाता है।

हम में से कई लोग जब अपने सपने पूरे नहीं कर पाते, तो हम अपनी इच्छाओं को अंदर ही रखते हैं। तब हमें जीवन में खुशी की कोई वजह नहीं मिलती। जब हम आसपास किसी की सफलता देखते या सुनते हैं, तो हम भले ही सामने से खुशी दिखाएं, लेकिन हमारा अवचेतन मन अपने आपको असफल मान लेता है। धीरे-धीरे हम मानसिक बीमारियों से ग्रस्त हो जाते हैं, जिसका प्रभाव हमारे पारिवारिक और सामाजिक रिश्तों पर भी दिखाई देने लगता है।

समर्थन दें और लें (Give and Take Support)

जब भी आपके आसपास किसी को जरूरत पड़े, तो आप हमेशा उसकी मदद करने के लिए आगे आएं। आप देखिए, आपके बिना मांगे आपको मदद मिल जाएगी, जब भी आपको जरूरत पड़ेगी। अगर कोई आपको किसी भी तकलीफ या मुश्किल में याद करे, तो कभी यह न सोचें कि "अरे यार, इसका तो हर बार का ही है।" आप यह सोचिए कि उसे अंधेरे में दीपक के तौर पर सिर्फ आप ही दिखाई देते हैं, जो उसकी मदद कर सकते हैं। खुश होकर दिल से मदद करें और उतने ही प्यार से जब आपको चाहिए तब सपोर्ट मांगें। यदि आप किसी कारणवश

मदद कर पाने में असमर्थ हैं, तो उन्हें भरोसे में न रखें और बहुत ही शालीनता से मना करें। और संभव हो तो किसी और से मदद करवा दें।

निरंतरता (Consistency)

आपका लक्ष्य छोटा या बड़ा, कैसा भी हो, हर रोज़ छोटे-छोटे कदम उसकी तरफ बढ़ाएं और हफ्ते में एक बार बैठकर उसे अवश्य देखें। अगर आप रोज़ाना अपने लक्ष्य की तरफ आगे बढ़ते रहेंगे, तो आपको आपके लक्ष्य की प्राप्ति के लिए कोई नहीं रोक सकता।

इस अध्याय में दी गई बातों से आपने जो सीखा और जो समझा, उसे यहाँ अपने शब्दों में लिखें। यह आपके लिए एक व्यक्तिगत मार्गदर्शिका बनेगी।

"अब?"

124

हर कदम सफलता की ओर

दृढ़ निश्चय ही सफलता की कुंजी है।

जो किसी भी वचन से बंधे हुए नहीं होते हैं,
वह जीवन में हर चीज से भटकते रहते हैं।

समय किसी का इंतजार नहीं करता, तो आप सही समय का इंतजार क्यों करते हैं? जो समय चल रहा है, वही बेहतर समय है।

हारने की संभावना को कभी अपनी सफलता पर हावी होने न दें। जब आपका विश्वास पक्का होगा, तो एक्शन आपके हर कार्य में झलकेगा, और तब आपको सफल होने से कोई नहीं रोक सकता।

और आखिर में, मुझे फिल्म "शाबाशियां" के गाने की एक लाइन याद आ रही है। यदि आपको कभी लगे कि आप अपने लक्ष्य से भटक रहे हैं या अपने सपने से दूर हो रहे हैं, तो इसे जरूर सुनिएगा:

"सच होने की खातिर जो सपने कीमत मांगेंगे,
जाग के रातें, कीमत भर देना।"

आपको यह पुस्तक कैसी लगी, मुझे जानकर खुशी होगी। कृपया अपने विचार साझा करें। आप मुझे इस ईमेल आई डी पर संपर्क कर सकते हैं **radha@sunrisemovers.in**

शुभकामनाओं सहित - राधा भट्टड़

"अब?"

Weekly Planner
WEEK
MONDAY   TUESDAY   WEDNESDAY   THURSDAY   FRIDAY   SATURDAY
SUNDAY
RELAX
HYDRATION   TOP 3 PRIORITIES OF THE WEEK   HABIT TRACKER
M T W T F S S
Pastels & Hues

प्रशंसापत्र (Testimonials)

"मैंने राधा जी को हर सीखने वाले मंच पर देखा है। वह न केवल एक जिज्ञासु शिक्षार्थी हैं, बल्कि एक प्रेरणादायक व्यक्तित्व भी हैं। उनकी ऊर्जा और दूसरों को प्रेरित करने की क्षमता वास्तव में अद्वितीय है! मैंने अपनी हर मीटिंग में राधा जी से कोई न कोई नई प्रेरणा अवश्य ली है।"

डॉ. अनिल गुप्ता

फाउंडर, माइक्रोटेक, ओकाया, एमटेक पावर समूह

"एक संस्कारी भारतीय नारी और 21वीं सदी की आधुनिक महिला का अद्त मिश्रण हैं राधा भट्टड़ जी।

मैंने उन्हें 8 Months Business Mastery Program—जो अपने आप में विश्व के किसी भी MBA से कहीं आगे है—की बारीकियों को सीखते हुए और उन सीखों को अपने व्यापार में सफलतापूर्वक लागू करते हुए देखा है। साथ ही, मैंने उन्हें एक मारवाड़ी घर की माँ और बहू की जिम्मेदारियों को बखूबी निभाते हुए भी देखा है। मुझे पूरा विश्वास है कि उनके अनुभवों का लाभ इस किताब के माध्यम से हर वर्ग की महिलाओं तक पहुँचेगा और वे अपने जीवन को और भी बेहतर बना पाएँगी।"

विनय जैन

एडवोकेट और सॉलिसिटर

सुप्रीम कोर्ट ऑफ इंडिया

जमीन में जड़ें, फिर भी ऊँचाइयों तक उड़ान,

परंपरा और सपनों के बीच बनाती एक सेतु महान।

हर कदम पर दिखे गरिमा का संगीत,

कौशल से रचतीं अपनी विशेष प्रीत।

जुनून, संस्कृति और शक्ति की मिसाल,

राधा जी, आपका प्रकाश है अनंत और बेमिसाल।

संस्थापक और प्रबंधक निदेशक

क्लाइंट फर्स्ट एशिया ग्रुप (वेल्थ मैनेजमेंट)

आप एक अद्भुत व्यक्तित्व हैं। आपके भीतर एक बच्चे जैसी जिज्ञासा है और आप हमेशा सीखने और उसे लागू करने के लिए तत्पर रहती हैं। मैं कई मायनों में आपको अपना आदर्श मानता हूँ, राधा मैम। भगवान हमेशा अपना आशीर्वाद आप पर बनाए रखे।

सिद्धार्थ वी. धमीजा

बीसीआई में सह-शिक्षार्थी

"अब?"